島人の世界旅
アンニン・アランドー・ザ・ワールド！

ドレーク海峡もこえて

南 研作

ボーダーインク

はじめに

久米島――沖縄県那覇市の西一〇〇キロメートル。東シナ海に浮かぶこの小さな島で生まれ育った。世界の狭さに幼少の頃から息苦しさをおぼえていた。長じて閉所恐怖症気味になったのは、この出自が原因かもしれない。強迫的に旅を続けたのもまた同じ理由によるのだろうとも思っている。

足下を掘れば泉が湧く、と沖縄研究を深めた友人は、その分野ですでに一家をなしている。数十回にわたる台湾行きを重ねた先輩は今や押しも押されぬ台湾専門家となっている。

このような執着をもちえない私は、身も心も外へそとへと向かう傾向が勤労者を卒業する還暦を目の前にした今も改まらない。地球の表面をあっちひっかき、こっちひっかきしていると、やっとこさなにがしか、もの考えができそうな気がするのである。勤務地が変わるたびにくまなくその地を旅し、また遠くへもでかけた。単調な日々を脱する道楽はゴルフでも囲碁でも麻雀でもなかった。私にとって旅こそが非日常の世界であった。

出来る限り記録を残そうと、旅を終える度にキーボードに向かうのだが、うまくいかず日の目をみなかった幻の紀行も多い。いくつかは何とか書き上げて在地のローカル紙へ掲載してもらった。それらをかき集めてみると出版するのにちょうどいい分量となった。

三年位ならば俺にもこの仕事やっていけるかもしれない、と就職。気がついたら三〇年を越えていた。それからさらに四年近くが経過し、「卒業」まで二年を切った。日々神経をすり減らすような業（なりわい）を長期にわたってともかくもやってこられたのは「旅」という緊急避難所があった故と思う。

単身赴任地、あるいは旅先で思い、感じたあれこれ。他の人には他愛ない内容で、社会的な意義は限りなくゼロに近い、これはいわば「まれびとのつぶやき」「ヤドカリのひとりごと」としかいえないような代物である。

ひとりごとではあるが、ひょっとすると旅をやらない方が読んで「旅もいいな」

と思ってくれるかもしれない。あるいはまた同じ旅好きが読んで「こういう楽しみ方もあるんだ！」と気づいてくれるかもしれない。

「アンニン・アランドー・ザ・ワールド！」。行って見なくちゃわからない世界あっちゃこっちゃ。出版によって新たな出会いができ、旅について語り合う仲間が多くなればとのささやかな思いでこの本を出すことにした。読んで下さる皆さんとの交流が広がることを期待したい。

目　次

宮古・八重山随想

島々への旅

アジア諸国の旅

さまざまなパック・ツアー

ドレーク海峡を越えて

「普通のウチナーンチュ」の南極紀行

南極もう一つの顔

私たちが日頃見慣れている世界地図は、ど真ん中に赤く塗られた日本があり、左にユーラシア・アフリカ大陸が広がる。右は太平洋を経て南北アメリカ大陸。そして下の方にオーストラリア大陸が控える。

この地図には南極などどこにもない。南極の位置や姿を確認するには、日頃の目線を変える必要がある。地球儀を「真下」から眺めなければならない。

アフリカ、オーストラリア、南アメリカ――この三つの大陸の南端を線でつなぐと三角形ができる。この三角形にすっぽりと収まるように南極大陸がある。

私たち日本人は昭和基地、観測船「宗谷」「ふじ」などの名とともに南極をイメージする。広大な氷の平原が頭に浮かぶ。ごく普通に日常生活を送る、ごく普通の人間には縁のない極地。気象観測など一部のその道の専門家だけが国家レベルの研究員として滞在する南極。最近では沖縄の研究者も、越冬に参加するようになったようである。宮古島の気象台にも越冬経験者がおられるようで、過日、平良市で南極についての講演があった。

近年、この南極が「普通の人間」にも容易に行けるようになった。

今年、一九九九年二月、念願の南極セミナークルージングツアーへ参加することができた。「何しに行くの?」「犬ゾリでもして遊ぶの?」——南極へ行くという私の話を聞いた家人は首を傾げて尋ねる。日本の三七倍もの面積を有する南極大陸。二つの地図を重ねるとその差が痛感される。やたらと広く、何もない平たい真っ白な氷の原っぱ。少なからぬ時間とエネルギーと金を費やして、そんな所へ何をしに行くのだ、と他人は言う。

つい二~三カ年まえ、「南極病」発病以前の私も同じようなイメージを抱いていた。

南極大陸は、実際は平均標高二五〇〇メートルで、これは世界の七大陸中最高である。アルプスやヒマラヤを有するユーラシア大陸よりも高いのだ。内陸へ行くと鋸歯状の山脈や、「ヌナタク」と呼ばれる氷原中の孤立峰がある。南極点の西方には四〇〇〇メートルの山々が連なる「南極横断山脈」が走る。だが、なぜか、南極はだだっ広いだけの単調な白い世界として人々のイメージに定着している。映画やテレビなどで私たちが目にするのは海岸沿いの広大な氷原であり、そこに点在する観測基地などだろう。豊かな起伏に富んだ南極の姿などは、めったに見る機会がない。

普段南極大陸の地図すら見ることのない私たちには、これもまたなかなか気づかないことだが、丸く広がる大陸の、南アメリカ方向を見ると長い角がのびている。例えば宮古島ならば、さしずめ東西両平安名崎といったところ。南極半島である。

「角」は鋭く尖った南アメリカの南端へと伸びていて、かつては陸続きであったことを思わせる程に両端は接近している。その間九七〇キロメートル。那覇―東京間よりも近い。この半島の周辺に大小の島々が散在する。「大陸」の大氷原とは異なり、島々はそれぞれの表情を見せ、移動の度にバラエティー豊かな風景を見せてくれる。

広くて白一色の単調な世界、この南極のイメージとは対照的な、南極のもう一つの顔である。南極クルージングは、この一帯を豪華クルーザーで周り、それぞれの島へ上陸して、さまざまな顔に出会おうというもの。

「南極病」

「国の代表」でなく、「国家レベルの研究者」でもない、ごく普通の人間が南極へ行けるようになってから約三十年になるという。だが、それでも当初の旅行者は天文学的な金額の金を積んで飛行機をチャーターすることのできる者に限られていた。それが、ここ数年「南極セミナークルージング」がブームとなり、「一般人」の南極行きが容易になった。南極への最短距離の玄関口であるウシュアイア（南アメリカ大陸の南端。アルゼンチン）の港からクルーザーを駆って南極半島へ渡り周辺の島々を回る。この間、地質学者など専門家の、南極に関する連続講義を船上で受講するというシステム。

九六年末から九七年初頭にかけて沖縄でも初めての募集が行われた。第一回、第二回とも十人を超えるメンバーが参加し、南極クルージング沖縄グループが出来たようである。参加者のレポートが「沖縄タイムス」、「琉球新報」等に掲載された。今年九九年は県内では三年目＝三回目のツアーであった。東京のジェフ社主催で、県内でも地元の旅行社が窓口となって募集した。

全国から集まった今回のツアーメンバーは二二人。ツアーリーダーである添乗員を加えると二三人。二週間余も仕事を休んでの旅だ。皆それぞれ悪戦苦闘して参加を実現している。メンバー同士で話し合っていると、苦労は奇妙に一致していて面白かった。

「その費用に少しプラスすれば新車が買えるじゃないか」「親の遺産でも入ったのかね」「大金を費やして寒さにふるえに行くのか！」等々、メンバーの誰もが周囲の非難とも皮肉ともつかない言葉の中でそれぞれ出発したことが語りあわれた。

七五歳の先輩の参加があるかと思えば、最年少は二二歳の女性。その若さで南極か、とみな不思議がった。オジーやオバー達の質問ぜめにあった彼女は、ツアー参加の動機について次のように語っていた。

「募集のチラシを初めて見た時に、『ああ、これだけの金額を出せば私でも南極にいけるのだ！』と思い、すぐに申し込んだ」

私も初めて新聞広告に接した時、彼女とまったく同じ驚きを覚えた。国の代表でもなければとても行けない極地。自らそこへ身を置くことなど想像すらしたことのない南極。その地へ中古車代金なみの金額で行けるのだ！

この驚きが「南極行き」を即断させていた。だが、すぐに募集に応えるわけにはいかなかった。なにしろ十六日の日程である。そんな長期間仕事を休むわけにはいかない。年休は権利とはいえ二週間を超えるとなると、今の日本の社会ではなかなかとれない。たてまえとして出来ることになっていても、職場事情が簡単には許さない。社会の「常識」も二週間の年休取得には眉をひそめる。過去二回の沖縄からの参加者は、すでに退職していて、時間に余裕のある先輩方がほとんどであったようだ。

初年度、応募をあきらめた私は、旅行社から資料を取り寄せる一方、県紙に掲載された参加者のレポートを幾度もいくども読み返し、あるいは南極の写真集を眺め、関連の文献を読む日々が続いた。片時も南極のことが頭を離れることがない。これはもう「南極病」だ。数年先には定年が待っている。定年退職で時間が確保できれば行ける。定年を待つしかないか。

いつかは南極へ行けることが確実だという期待と、反面、定年までの数年が何十年にも思われるような絶望が、ないまぜになった複雑な思いが続く。

この「南極病」と静かに、粘り強くつきあっていくことなど私にはとてもできなかった。

九八年四月、宮古転勤を機会に「南極行き大作戦」を展開した。まず初めに仕事の相棒に計画をうちあけ協力を仰いだ。来年の二月に二週間の年休を取らせて欲しい、つまりその間の仕事をオヌシ一人でがんばってほしい、という虫のいい相談だ。ところが、幸運なことに初めてデスクを並べる相棒が、小笠原へ一カ月の旅を敢行した経験をもつ「旅心」のわかる後輩であった。「まかせてくれ」との即答だ。「会社」説得は半年かかったが、結局は許可となり、一九九九年二月十四日、宮古空港を出発した。

「グローバル体験」

成田空港から南米大陸南端のウシュアイアへ直行する航空機などない。宮古を出発すると、翌日那覇空港から羽田へ。すぐにリムジンバスに乗り込み成田空港へ向かう。成田からはノースウェスト機でニューヨークへ。ケネディー空港でアルゼンチン航空機へ乗りかえてアルゼンチンの首都であるブエノスアイレスへと南下する。さらに、アルゼンチン国内線でこの国最南端の町、南極への玄関口であるウシュアイアまで。この間航空機の乗り換えが実に四回。五つの路線を乗り継ぐ。

レポートを読むと、先のツアー参加者は、成田とブエノスアイレス、ウシュアイアで宿泊し、ニューヨークでは乗り継ぎのための長い待ち時間を利用して見学ツアーを実施している。今回九九年、私たちのツアーはブエノスアイレスで一泊しただけで、ひたすら南極へむけて進むという、過酷ともいえる強行スケジュールであった。

短期間に地球を東と南に大幅な横移動・縦移動を重ねるこの旅は、文字どおり「グローバル体験」であった。

二月十五日十五時十九分、成田空港を離陸したノースウェスト機がニューヨークのケネディー空港へ着陸したのは、同日の十三時七分。所用時間は十一時間四八分。狭い機内でひたすら耐え続け、着いた時刻は出発時の約二時間まえということになる。日本・ニューヨーク間は時差が十四時間。途中日付変更線を越える。十二時間飛行しても到着時刻は出発の二時間まえという奇妙な現象はそのためである。

東西移動は「時間」を逆転させたり、止めたり、追い越したりすることになる。地球の自転のなせるわざだ。

ニューヨーク到着後、期待した見学もないまま空港内で実に六時間余りも待たされた後ブエノスアイレス行きのアルゼンチン航空機に乗り込む。ニューヨークは南極よりも寒い、ということを聞かされていた。一昨年の参加者のレポートでも氷点下の寒さであったことが報告されている。今年、まったく同じ時期のツアーであるが、ケネディー空港は10℃と、それほど寒くはなかった。

待合い室を出て、わざわざ外気を計測したが10℃から下がることはなかった。それでもウチナーンチュの私にとっては冬そのものであった。

ニューヨーク～ブエノスアイレスは九時間四五分の南北移動。ニューヨークとは二時間の時差のあるブエノス時間。二月十六日五時十五分着。ターンテーブルでバッグを受け取ると、あらかじめ教示されていたとおり半そでのポロシャツに着替える。真冬の東京、ニューヨークから真夏のアルゼンチンへ。一刻も早く「夏」を経験したくて追いかけられる思いで外へ出る。早朝なのでムッとする暑さは感じない。しかし、行き交う人々は皆半そでの夏姿。中には二の腕をむき出しにしたノースリーブの女性の姿も。空港で乗り込んだバスでそのままブエノス市内見学。九時〇五分。街の中心地、七月九日通りが25℃。十時三八分。市街地の高級墓地が28℃。この日28℃まで上昇した気温だが、翌日のブエノスは30℃に達していた。

東西移動が「時間」についての奇妙な体験であるのに対して南北移動は、二日にして真冬と真夏を経験するという「季節」についての奇妙な体験であった。前者が地球の自転によるものであるのに対して、こちらは公転によるもの。公転軌道に対して地球の地軸は二〇度余りの角度で傾斜している。したがって赤道を境に南半球と北半球とでは、太陽への距離の遠近が逆になる。北半球が太陽側を向いている間、つまり真夏の時は南半球はそっぽを向いており、その逆に南半球が太陽に顔を向けている時期は北半球は太陽から遠く、冬となる。あるいは、これは「距離」ではなく「角度」の相違によるものなのだろうか。いずれにしろ北半球と南半球とでは夏と冬が逆となる。われわれの生きる北半球が真冬である二月、南半球では真夏ということになる。

ブエノス見学のガイドは日系二世のマリアさん。息子がアルゼンチン航空のパイロットをしていると誇らしげに話していた彼女は、しきりに、ブエノスでは家を買う際に南向きのを買わないように気をつける必要がある、と強調する。なるほど南半球では陽光は北から入るのだ。

十日間の南極クルーズでルームメイトとなった昭和三年生まれのOさんは、ホテルでも船内でもしきりにうずまきの実験を繰り返していた。洗面台やバスタブに水をいれて、栓を抜いてこれを流すと渦ができる。この渦が、我が北半球では時計回りだが、南半球では常に時計とは逆の左回りだという。Oさんにつきあって私も幾度もいくども試す。やはり例外なく左まわりにしかならない。地球の引力やら自転やら公転やらの関係であろうが、北とは異なる南の現象が面白く、子供のようにいつまでも同じ実験遊び？　を続けていた。

地球上を東西、南北に大幅移動すれば異時間体験、異季節体験が可能であることは頭の中で承知していることであった。しかし、今回の南極への旅で、そのことを初めて自らの体験として実感することができた。まさにグローバル体験である。

乗船

金は借金で確保、職場でもついにOK――だが、「関所」はもう一つあった。ドレーク海峡。南米大陸の南端ウシュアイア（アルゼンチン）と南極半島の北端の間に横たわるこの海峡は世界でも名だたる荒海。映画、テレビなどで観て承知の方も多いと思うが、南極大陸は暴風圏が周囲を取り巻いており、年中荒れ狂っている。この区域、南緯四〇度から六〇度までの間にドレーク海峡はある。海峡そのものが年中暴風の状態なのだ。南極へ行くにはいやがうえにもこの荒海を越えねばならない。

揺れるなんてものじゃない。まるで洗濯機の中にいるようなものだ。ということを何かで読んだ。一昨年の参加者も、「船は上下左右に揺れるかと思うと、グルグル回っているような感じ。それに船底から大きなハンマーで、力まかせにたたくような音。船が武者震いしながら大自然と悪戦苦闘している。」（「沖縄タイムス」九七年五月二日・国吉永啓）。

「うわさにたがわず四千トン級の船は木の葉のように揺れ…」「寝台に横たえた体は、頭から突っ込み、足先が上がる。さらに、海流の急変か、ローリングとピッチングが複合して体は縦と横に容赦なくねじれまわり、それが一昼夜ほど続いた。」（「琉球新報」九七年五月十六日・古堅哲）。

荒れるドレーク海峡についての記述はこの他にもいくつも読んだ。造船技術の未熟な昔日、人々は南極への最短距離であるこの海峡を越えるべく悪戦苦闘を繰り返した。しかし、帆船でこの荒海を越えることは至難の業で、幾多の犠牲をはらった。魔の海峡である。

幼少の頃、故郷の久米島から那覇へ出るため幾度も、さんざん船酔いしたことを覚えている。しかし、大人になってからは長時間の船旅の経験がない。子供の頃のようにまだ船酔いをするのか、もうそのようなことはなくなったのか自分でもよくわからない。「船に絶対的自信を有する」という大人でも胃液まで吐き出し、焼け付くような苦痛を味わうというこの海峡越えに果たして耐えうるだろうか。

「血反吐をはいてもいい！」と思った。海峡越えの大変さを読まされ、聞かされても退く気にはならない。私の「南極病」はかなりの「重症」となっていた。

「クリッパー・アドベンチャー」号。快走冒険号といったところ。中米バハマ船籍。船長はドイツ人でクルーリーダーがスイス人、他のクルーは数カ国人が乗り込んでいるという、いささか複雑なクルーザーが十日間の我が家だ。二千トンくらいだろうか、船はそれほど大きくはない。だが、スマートで黒い船体はいかにも快走艇の名がぴったりのかっこいい船である。

二月十七日、暮れなずむウシュアイアの港で、ついにこの南極行きの船に乗り込む。われわれ二三人の日本人グループは百人余りの外国人グループと合流する。南極条約により、南極は現在どの国も領土権を主張しないことになっている。どこの国でもない。だから、アルゼンチンからの出国手続きも、上陸の際の手続きもいらない。

出航をまえにして、まず最初の行動は避難訓練であった。キャビンで荷を解いていると、全員上の階のラウンジへ集合するよう船内放送が告げる。ラウンジへ行くと、今度はキャビンへ戻れと言う。キャビンの衣類タンスの上に救命具があるのでそれを取ってくるようにとの指示である。キャビンへ引き返して指示どおり救命具を持ってラウンジへ戻る。救命具を身につけると、集まった全船客をキャビンナンバーでグループ分けをする。若いクルーの指示に従って、高いところにつり上げてある救命ボートの下へ移動する。いざという時にどうするかについて彼はしきりに話している。英語オンリーの説明なので、詳細な部分については何を言っているのかわからないが、どうやら、あなた方はこのボートに乗るのだ、指示があったらすぐにラウンジに集合して私のリードでここへ来てこのボートに乗ること——というようなことを言っているようだ。しきりに「タイタニック」という言葉が出てくる。その度に外国の客の笑い声が起こるが、こちらには何を言っているのかわからない。

やさしき「ドレーク海峡」

クルーの説明は後になって、日本人グループツアーリーダーによってあらためて通訳された。「皆さんは今『タイタニック』のことを思い浮かべているだろう」と、図星の指摘で客が笑い、「タイタニック」の二の舞にはならないとの説明でまた笑う。世界の航海史は「タイタニック」

の悲劇を境に明確に以前と以後に分けられる。「タイタニック」がそうであったように、以前は避難のための設備・準備は、豪華客船は沈まないことを前提にしたアリバイ的なものでしかなかった。「タイタニック」の悲劇を契機に救命ボートは全乗客が乗れるだけの数を必ず備えることが義務づけられているし、ボートには一週間分の食料が常備されている。このような説明や訓練は、しかし、すぐに始まるドレーク越えの厳しさを暗に強調しているようで不安は増すばかりだ。

十八時四五分、船上生活のオリエンテーション、クルーの紹介途中で船は動き出す。南極へ向けての出航である。宮古空港をたって五日目の夕方であった。

船が外洋へ出るまではしばらくの時間を要する。湖面を滑るように静かな船出だ。船内の散策やダイニングでの最初の食事もまったく何の支障もなくスムーズに終わる。クルーの徹底したサービスで優雅な船旅が始まった。

二月十八日深夜一時十分。「さあ、始まったか！」と、船の揺れを感じて目を覚ます。だが、起きてみるとたいしたことはない。そのまままた寝込む。

七時ちょうど。目覚めて窓をのぞく。もっとも安いクラスをと申し込んだ私の部屋は、船底のキャビンであった。船特有の、あの丸窓が一つついているだけ。船底といえども、海面はさらに下だ。窓よりかなり下に見えていた海面が、今、水平線が時に窓よりも高い位置で激しく上下左右し、時折ドジャャップン！　と音を立てて窓ガラスが海水に没する。だが、言われている程の、すさまじい揺れとは感じない。ドレーク海峡まっただ中のはずだが、この揺れはむしろ心地よい眠気を誘う。船酔いもない。起き上がることもせずに惰眠をむさぼる。

海面をみると結構な揺れだが、まったく酔わない。「俺はよっぽど船に強くなったのだ！」と思った。また、経験者らのレポートはきっとオーバーだったんだとも考えた。この後ウシュアイアの港へ帰着するまで船酔いで苦しむことは一度もなかった。

全員がそうだったわけではない。強弱の差はあれ酔いに苦しんだ者も少なくなかった。日本人グループは幾人かの若いメンバーが酔った。

面白いことに、本人に会うことがなくとも「重症」「軽症」がすぐにわかる。酔うと食事に出て来ないのだ。百三十人の乗客が全員で食事をするダイニング。席が指定されているわけでもないが各国のグループは、それぞれ仲間同士で集まる。食事の度にだれが出てこないかがすぐにわかる。朝食に姿を見せなかった者が、昼食には出席して「今朝は少々船酔いで…」と言う。ずっと食事に出てこない者はよっぽど重症だ。ツアーリーダー、あるいは親しい者が見舞いに行くことになる。

海峡越えだけでなく、南極半島や島々を回っている間も時に船は揺れた。揺れの程度に応じて食事に来る仲間の数が多くなり少なくなる。帰路、まだ外洋へは出ていないと思っていた夕食時、日本隊のメンバーは出席者が十二人と、五割近くもキャビンごもりをしていた。翌日の夕食は十人と五割を割った。船はドレーク海峡のど真ん中を北上していた。

「俺もずいぶん船に強くなった」「いくつも読んだ『荒れるドレーク』は、やはりおおげさだったんだ」と思った。ところが、スマートでハンサムなカナダ人の若いコックは、「あなた方はラッキーだ」と、しきりに強調する。こんな荒れない静かなクルージングは、まだ経験したことがない。考えられない程だ、という。

幾多の先人たちの南極到達を阻み、多くのツアーメンバーに胃液まではき出す焼け付くような苦痛を与えた海峡は、私たちにはめずらしく心優しきドレークであった。

「黒い南極」

南極は雪と氷の世界である。それは基本的に夏も変わらない。

大陸を覆う氷の厚さは、平均二千百メートル。その容積は二千五百万〜三千万立方キロメートル。と言ってもわれわれにはピンとこない。要するに世界中の氷の九〇%を占め、これらがすべてとけると、現在の世界の海面が七五メートルは上昇するという。数知れぬ島々が海中に没することになる。その際、宮古島の場合何割が海上にその姿を残しているのだろうか。

資本主義社会の飽くなき経済活動は、地球を包むオゾン層に穴を開け地球の温暖化を進めている。南極の氷がとけだし、海面の水位が上昇するということは観念の世界の絵空事ではなく、太平洋の島々ではすでに海水面の上昇で島の面積の減少が始まっていて、その対策は現実の愁眉の課題となっている。

二月十九日、厳しいオリエンテーションの後、いよいよ初めての上陸が実施された。宮古空港を出発してから七日目である。沖に停泊した船から「ソジャック」と呼ばれるゴムボートにクルーが付き添い十人程一組で乗り込む。その乗り方、降り方は繰り返し教示され、「絶対にこれ以外の方法でやるな!」と念を押されている。

風が強く、ちらついていた雪は吹雪となって顔を打つ。ボートは木の葉のように揺れる。夏とはいえ、落ちると数分で凍死するという南極の海だ。恐怖で身が縮む。緊張が全身を走る。

南極半島北端よりわずか北に位置する南シェトランド諸島の一つの島。ポーランドの観測基地がある。あらかじめ船に帰着する最後のボートの出発時刻が知らされる。「滞在時間」約一時間半。吹雪の中次々と「ソジャック」が海岸へ到着し、仲間達は初めて自らの足で南極の地を踏みしめる。高鳴る胸を、あせるな! と自らに言い聞かせつつ私も皆に続いて上陸する。

氷雪の世界であるはずの南極だが、この初上陸の島は予想に反して「黒い南極」だ。

降りしきる吹雪の白と対照的で黒い地肌はむき出しのままだ。雪や氷が地を覆うことがない。平地が広がり、海岸の近くと奥の方に結構りっぱな建物が建っている。ポーランドの観測基地だ。

皆急ぎ足で前進する。基地の見学だろうか。わけがわからないまま後を追う。さすがに寒い！カメラバッグに取り付けた気温計は0℃まで下がっている。巨大な鯨の骨が散乱している。

南極半島のある西南極は火山地帯でもある。島や半島への上陸を重ね、それは十回を数えた。その中の四回は雪や氷のない「黒い南極」であった。この後、少し南に下ったデセプション島は、今も活火山で、温泉島となっている。クロワッサンのような形、両手で海を丸く囲い込んでいるような形をした湾。「ネプチューンのふいご」と呼ばれ、時に波荒く船の侵入を拒む狭い入り口をくぐるようにして入る。湾曲した海岸線の砂は熱を帯び、接する海水が温水となっている。何と、「南極温水」である。ツアーメンバーは、クルーの指示に従って「入浴」する。分厚いパッカーの下にあらかじめ水着を着用していて、上陸すると素早く上着を脱ぎ温泉へ入る。波打ち際から一メートルも離れると冷たい氷海だ。皆競って手で黒い砂をかき掘って熱を呼び込む。

私は躊躇したが、ルームメイトのOさんの強い勧めで「入浴」したら、風邪気味だった体調がすっかり回復した。逆に若いT君は、この「入浴」で強烈な風邪に襲われ、肺炎を併発するところまで悪化。乗船の際のオリエンテーションでクルーリーダーが「絶対に世話になりたくないスタッフ」と紹介したドクターと親しくつきあうことになった。

最初の上陸地となったポーランド基地も同じように黒い地肌を見せている。雪や氷を受け付けないのか。デセプションと同じように島が活火山となっているせいなのだろうか。

遠くの高台が大きく半円状にえぐられ、巨大な窓のような稜線を見せる「ウイルソンズウインドウ」。「窓」から向こうに何か別の世界が広がるような妙な期待を抱いて登り詰めた島も「黒い南極」であった。

大きく口をあけているカルデラまで急ぎ足でかけ登り、すぐに降りてボートに戻った、二十分という、つかの間の見学で帰船したテレフォン・ベイもやはり同じであった。

ポーランドの基地を見学するために急いでいるのかと思ったら、メンバーは、皆かなり広い平地を吹雪にたたかれながら大急ぎで一周してボートへ戻った。南極らしい白い世界でもなく、特に景色がよいというわけでもない。だれもが南極の地を自らの足で踏みしめて歩いている、そのことに感動を覚えて、ただただ歩を運んでいたのである。

心なしか吹雪が強くなったような気がした。沖へ錨をおろしたはずのクリッパー号はびっくりするほど陸地に近づいていた。降り続く吹雪の彼方に、その姿はぼーと霞んでいる。相変わらず波立つ海面を上下左右に揺れながら母船に近づくボートたち。何か幽玄の世界を漂っているような不気味な光景だ。

南極初上陸の印象は「黒い南極」の幽玄の世界であった。

ペンギン

　百三十人の乗客を手際よく上陸させ、帰船を確実にするためにはいくつかの工夫と、指示の徹底が必要である。その一つがグループ単位で行動することであった。各グループにはそれぞれ名前がつけられた。われわれ二三人の日本隊は「スコット隊」と命名された。

　アムンゼン隊に続いて南極点に到達し、帰路壮絶な最期を遂げたイギリスの探検家スコットの名をもらったのである。恐縮この上もない。クルーのユーモアだ。ドイツのグループは「ノーリンショー」と呼ばれた。日本隊がスコットで、ドイツ（イギリス隊ではないが）隊がノーリンショーとは！　このクルーはよっぽどユーモア好きだと思ったのだが、聞くとドイツに「ノーリンショー」という地名があるとのことである。真偽のほどはわからない。

　二月二十日、第二回目の上陸は早朝であった。午前七時二十分。今日は、われわれスコット隊が最初。ハルフムーン島。最初に上陸したわれわれの目に飛び込んだ「風景」に驚嘆した。昨日の第一回目の上陸地は、吹雪がちらつくも、黒い、幽玄の世界であったが、今目の前に展開するこの島は、真っ白！　白一色だ！　昨日上陸した島のすぐ隣りに位置するはずだが、まったく別の世界だ。

われわれを驚かせたのは、白い世界だけではなかった。一色と思っていた島の色が、一定の区域だけ雪が消えて黒く、他方の白い雪面と強いコントラストを見せている。おびただしい黒い石が丘の斜面を覆っていると思ったら、ペンギンである。ペンギンが、いるわ、いるわ！　昨日の最初の上陸地で、岩陰に動く二～三羽のペンギンをみて感動した。少ない数でも初めて直に見る野生のペンギンである。帰りのボートの時間を気にしながらあきずに眺めていた。

今、ここではペンギンが島を覆わんばかりに林立している。海岸から丘状をなしてせりあがる島の中央部。無数のペンギンがそこへ至る斜面を覆い尽くしている。半端な数ではない。丘の頂まで登り、彼らの群れを近景に、そして海岸に立つ幾人かの人間を遠景に撮影した写真を見ると、これはもうヒッチコックの「鳥」の世界である。圧倒的な数のペンギンと、遠くに小さく動く人間の集団。どうみても主人公はペンギンの方だ。

その姿はよく注意して見ないと石と見間違う。黒い石が立ち並んでいるように見える。動かない。ほとんどがじっと立ち尽くしているだけである。皆陸地側、丘の高いところを向いて立っている。海岸側から見上げると無数の黒い背中が斜面を覆っているのだ。後で見た海鵜の群れも同じように、そのほとんどが崖の巣の斜面を向こう側に向いて立っている。海から吹き付ける風をさけるためだろうか。セミナー担当の教授にその理由を尋ねると、それは単なるバランスの問題だろうという。高い側を背にして立つと尾がじゃまでうまく立てないのではないか、という。低い海岸を背にすると尾がじゃまにならずバランスよく立てる。言われてみて、注意深く観察すると、丘の頂付近の複雑な斜面構成の場所では、ペンギンたちは、なるほど、それぞれさまざまな方向を向いて立っている。

ペンギンは南半球だけに棲息する。もっとも北方に分布するガラパゴスペンギンは、赤道まで北上するというが、赤道まで来ながら北半球へは絶対に行かないのが面白く、不思議でもある。十七種いるペンギンの二種だけが南極にいる。南極はこのペンギンのルッカリー（営巣地）となっている。半島周辺の島々も例外ではない。

五日間の南極滞在で見かけたペンギンは、皆われわれの膝ほどの背丈の小さい種だけであった。後で図鑑で確認すると、アデリー、ヒゲ、ジェンツーなどと思われた。南極大陸の内陸部に分布しているのか、皇帝ペンギンなど大きなのは一羽も見かけなかった。

ペンギンについて、われわれは南極と二重写しのイメージで思い浮かべる。真っ白な世界で戯れる彼ら、かわいい、清潔で飛べない鳥というイメージを私も抱いていた。だが、ルッカリーに足を踏み入れると、たちどころにこのイメージは雲散する。島全体が彼らの天下となっている。丘状に盛り上がっている場所に営巣する。その丘は何やら赤茶色で埋め尽くされている。海に潜ってオキアミを採って主食とする彼らの糞は赤い。丘はその「赤」で埋め尽くされているのである。それは、何千何羽の彼らが繰り返しくりかえし排泄したものの集積だ。恐らく何センチもの厚い

ペンギン！　ペンギン！　ペンギン！

ジュータンとなって敷き詰められているのだろう。見ていると、尻を持ち上げるようにして遠くにピュッと出す彼らの脱糞の動作はユーモラスで楽しいが、かなりの量だ。島を覆い尽くす程の数の彼らだ。生半可な量ではない。従ってその「香り」もまたおして知るべしだ。このことはルッカルーに実際に足を踏み入れて初めて実感できることである。

ペンギンは集団で棲息する。それも多くは他の集団棲息動物とは比較にならない程の数で「雑居」している。このあと上陸した島は一面ペンギン様が占拠している。われわれ人間が足を踏み入れる場もない。クルーの者からは、五メートル以内には近づくなと強く言われている。とはいえ、ペンギンにじゃまされて島の見物ができなかった、と引き返すわけにはいかない。群れの中に静かにしずかに歩を進める。近くのペンギンが少し後ずさりして道を開ける。けして遠くへ逃げるようなことはない。進むにつれてペンギンたちが道を開ける。そこを幾人かのツアーメンバーが通る。気が付くと何万羽ものペンギンの群の中に五メートル程の「人間の道」ができあがっているではないか！　逃げ去るではなく、人間が通る部分だけ譲っているのだ。彼らの方が人間との「五メートルのつきあい」を実行しているのである。

彼らの名誉のためにもう一つ目撃報告をしなければならない。何羽ものペンギンが一列に並んで次々と海面に飛び込んでいる写真のポスターを見たことがある。その「ライブ」を目のあたりにしたのだ。

最後、十回目の上陸の際に見た光景。イギリス基地のあるポート・ロックロイのすぐ近くの島。数十羽のペンギンが潮たまりの周辺に集まって次々と水浴している。ペンギンの集団入浴だ。彼らは入れ替わり立ち替わり十数羽ずつ交代で「入浴」している。全身を海水に没したかと思うと、頭をふって水を払いながら海面に顔を出す。狭い潮たまりを半潜水で泳ぎ回る。水から出るとヒレのような羽をばたばたさせて水を切る。しばらくして、まだ不十分だとばかりにまた飛び込む。満足したペンギンは岩場に立って周囲を見渡し「風呂上がりはいいな！」と気持ち良さそうにしている。くそまみれに汚れていた腹部の白い毛が、それこそ真っ白になって輝くばかりだ。どうだ！　と、きれいになった身体を見せびらかしている。

彼らは、鶏糞と同じ匂いを周囲に発散しているマイホームをしばしば抜け出して、こうして水浴びに来る。きっと実際はきれい好きな鳥なのだろう。

パラダイスベイ

日本から南極より遠い所はない。北半球に生きるわれわれにとって北極ははるかに近い。どの大陸も南極より遠いことはない。この最遠地の極地南極へ自らの身を置くこと自体が今回の旅の目的の一つでもあった。

島々もいいのだが、やはり南極大陸へと続く半島へ上陸したい。上陸してしまえば半島も島も特に変わるところはないのだが、それでも「南極大陸への上陸」はツアーメンバー全員の強い期待であった。主催者の方でも、そのことはよく承知していた。十回中二回は半島への上陸だ。「ネコハーバー」と「パラダイスベイ」。

三月二二日、七回目の上陸が南極大陸第一歩であった。「ネコハーバー」。大陸へ続く半島といってもそこは人間が自由に歩き回れる広場などない。ごつごつした岩場が広がり、例のようにペンギン諸君が占拠している。来訪者のわれわれは、彼らの迷惑にならないようにおそるおそる百メートル程奥にある避難小屋まで行き、すぐに引き返す。それだけのことだが、踏み締めている足もとの大地が日本の三七倍の広さを有する南極大陸の一角であることに充分に満足していた。

パラダイスベイ。文字通りここは別世界だ。ボートは直接アルゼンチンのアルミランテ・ブラウン基地に接岸する。上陸すると、基地のすぐ裏は小高い丘。真っ白な雪に覆われた急坂を皆汗をかきかき這い登る。先行部隊に続いて私も軽くない身体を運ぶ。頂きに着いた時はびっしょりと汗をかいている。クルージングで登山をやることになるとは思ってもみなかった。全国から応募したツアーメンバーは、「山屋」＝登山をやっている者がほとんどであった。「海人間」ではなく、「山人間」がドレーク海峡を越えて南極に集まったことが面白い。かく言う私もマリンスポーツ音痴で、時間があれば低山や島々をほっつき歩いている。

本格的に山歩きをやっている者たちはオフロードを歩くと異常に速い。キャビンでルームメイトと話し込んでいて私は完全に脱帽した。ヨーロッパアルプスの三大北壁の一つ、スイスのマッターホルン。この優雅な姿を誇るアルプスの名峰を私はかつてその途中まで登ったことがある。空中ケーブルを終点の駅で降り、後はひたすら歩き続ける。ガイドブックに二時間と表示のあるコースを四時間かけて一般コース終着点へ到着。ここから後は垂直に切り立つ岩壁が屹立する。写真だとマッターホルンの中腹に見えるが、ここはまだこの山の登山口にすぎない。見上げる岩壁は圧倒的な姿で、見る者に迫る。今にもこちらに倒れてきそうで恐怖すら覚える。九十度を越える角度のオーバーハング岩も目に入る。ここから頂を目指すにはザイルだのハーケンだのといった道具の助けを借りた絶壁登りの特別の技術が必要である。

ハイキング同好会レベルの「山屋」でしかない「普通の人間」は、小屋でコカコーラを飲んで引き返すしかない。同行者と一緒に「こんな岩壁を登る者がほんとにいるのだろうか」とため息混じりで見上げて引き返したのだった。

十日間を船底の同じキャビンで過ごしたルームメイトのOさんは、「ああ、ヘルンリ小屋ですな。あそこ、わたし登りましたよ」と、こともなげに言う。七十歳を越えるOさん、若かりしころの思い出話をしているのかと思いきや五年前のことだという。

Oさんだけなく、エベレストのベースキャンプ地まで行ったことや、キリマンジャロの登頂経験をさりげなく口にする仲間もいる。そのことを吹聴するでもなく、経験のない者を見下す態度もまったくない。会話のいきがかり上やむなく紹介するといったような、普段着の発言である。パックツアーの旅では、時にギラギラした態度で自らの輝かしい旅の履歴をまくしたてる者がいたりしてうんざりすることがある。この南極ツアーのメンバーには、そんなところがない。話していて「本物」の山好き人間のいぶし銀のような貫禄を感じていた。

彼らは足が速い。島へ上陸すると、瞬く間に歩ける範囲を歩き尽くす。

乗客の一人でも島に残したまま船を移動させると大変なことになる。ツアーの主催者は、その防止のためにいくつものチェックシステムを確立していた。「システム」の一つとして単独行動を厳しく禁じていた。だが、ビデオカメラを回し、スチールカメラを構えてシャッターチャンスを待ち、また、ペンギンやアザラシの動きをあきもせず眺め続ける私は、気が付くといつも独りになっていた。最後のボートで船に帰着すると仲間たちはすでに戻っていて私を迎えた。

ここパラダイスベイを見おろす丘の頂では、おいてけぼりにされる心配はなかった。狭い岩の「山頂」で皆一緒に腰をかけ湾を見おろしている。

仲間たちはそれぞれの思いに耽っていて声が出ない。声が出ないのである。眼下に広がるパラダイスベイは名前のとおりパラダイスそのものだ。湾のど真ん中に我がクリッパー号が停泊しているが、その姿はまるでミニチュアのように小さい。海面は凍りついたように静かで、波一つた

山と氷海とペンギン——これが南極だ！

たない。点在する流氷（というよりも浮氷というべきか）の存在でやっとこさ氷結していない海面であることがわかる。船の彼方には、すっぽりと雪をかぶった南極の山々の稜線が湾を囲む。すぐ下に眼を転ずると、上陸した所にアルゼンチン基地の真っ赤な小屋が二つ。氷雪と岩肌のモノトーンの世界で、この赤が強烈だ。

静寂の中、眼前のこの風景を眺めていると、奇妙な感覚に襲われる。現実感がなく、特等席から巨大なスクリーンを観ているような感覚だ。ここは島ではなく、半島の一角だ。これもまた南極大陸の一つの表情である。

氷雪の世界

丘を下り、今度は湾内をボートで周遊するボートクルージング。海面を埋める大小の氷山を縫って湾内を一周する。触れんばかりの距離で氷山を通過し、氷河を仰ぎ見る。草木一つない岩山を覆う雪と氷。谷間も同じようにびっしりと氷雪で埋まり、海岸線でそれが垂直に海面に落ち込んでいる。氷河である。この断面を注意深く観ると、木の切り株に見える年輪と同じ幾層もの筋が走っているという。だが、その壁面まで近づくのは危険だ。いつ崩れ落ちるかわからない。二十階建て、三十階建てのビルに等しい容量の氷が頭上から落ちてくるのだ。氷河の先端へ近づくことはできない。なかなか現認はできないが、時折先端の氷が海におちこむドドーン！　というにぶい音が遠くで響く。

私たちは、かなりの距離から見学せざるをえないために、氷河の年輪を直接確認することはできないが、この筋はその数が積雪の年数をあらわしているのだという。年輪は五十も六十もある。今年降り積もったばかりの新雪のようにみえる、このおびただしい量の氷雪は五十年、六十年の間に積もりつもって氷河を形成しているのである。海にせりだした先端が海面に落ち込み氷山となって漂う。氷山は風や海流により流氷となって移動する。

漂う氷山は海水の浸食で意外な造形をみせている。とある氷山の上で、アザラシが巨体を横たえてゆうゆうと休息している。その近くの氷山は風や波による浸食で幾つも連続した穴をあけた異体を見せる。あざらしの住居みたいだ、と誰かが言う。ああ、これはアザラシ長屋だと私が応えると、夢のない言い方だね、と別の仲間が笑う。光線の角度の関係だと思われるが、その氷山の穴は青光りというより緑色に輝いていて、幻想の世界を創り上げている。娑婆では見ることのできない別世界だ。

氷山は大小さまざま。肉眼でもそれとわかるように、かなりのスピードで流れているものがあるかと思えば、根が生えたように動かないものもある。潮の動きのない湖面のような、ここパラダイスベイではおそらく溶けてなくなるまで何年間も同じ場所に留まっているのだろう。

氷山の陰に見え隠れするクリッパー号の姿が次第に遠ざかる。夕暮れが近づく。いささか心細い思いをしているところで、「そろそろ帰るか」というヘンリー教授の言葉。ボートはスピードを出して氷山の間を右に左に、まるで氷上を滑るように帰路を急ぐ。クリッパー号がみるみる大きくなる。

　朝、目覚める。すぐにベッドを起き出し小さな丸窓のガラスに顔をくっつけて外を見る。すぐ近くに陸地が見える。見上げるような、岩山が分厚い雪と氷に覆われてどこから陸地が始まっているのかわからない。海面との境界がぼやけてよく見えないのは降雪のせいであった。雪だ！　と思い大急ぎで着替えてデッキに駆け上がる。南極の海に雪が舞っている。初日に見た「黒い南極」の吹雪とはまた趣が異なり、左右に連なる、かすかに稜線の見える山々の姿も真っ白で、「クリッパー」のデッキも白一色に

化粧している。息をのむような氷雪の世界に、寒さも忘れてしばしの間立ち尽くす。気が付くと独りで、あるいは二人、三人とグループでこの景色に見とれている。これぞ南極だと仲間たちと話す。

クルージングの間南極の天気は激変した。五日間の南極滞在中二日間は雲一つない、日本晴れならぬ南極晴れ。この時は島へ上陸しても、また船上からの南極風景もフィルムやテープの品切れが心配になるほどシャッターを切り続け、ビデオカメラを回し続けていた。かと思うと、舞い降りる雪があり、横殴りの吹雪がある。暖かくなるとデッキは雨でぬれた。

世界中が灰色のカバーで包まれてでもいるかのような、重苦しい、どんよりとした曇の時もあった。七変化の天候に出会えたのも「静かなドレーク」とともに、めったに得られない、ラッキー

な経験であった。中でも「南極晴」は非常にめずらしいという。

南極は言うまでもなく世界の大陸中もっとも寒い大陸である。東南極の内陸部で氷点下八八度を記録したこともあるという。最暖月（われわれが訪れた二月は南極など南半球の真夏であり、最暖月である）平均気温がほぼ0℃。内陸では、氷点下20℃〜30℃。

最寒月（北半球の真夏である八月）の平均気温は、海岸地方で氷点下20℃〜30℃。内陸では氷点下40℃〜70℃である。

だが、この数値は南極半島を除外したものであり、半島はさらに暖かい。今回の旅の期間0℃より下ることはなかった。二月二二日九時四五分、八回目の上陸。「南極晴」の空の下、気をよくして歩き回っていると気温はぐんぐん上昇し、12℃から、ついに15℃にまで達した。「これが南極か！」とひとりで驚きの声をあげていた。北半球の南国に生きるわれわれにとって、雪が降るということは「寒い！」ということと同じである。しかし、寒冷の地では「暖かくなったと思ったら雪がふっていた」ということになる。この旅では雨すら降った。陽光もまた南極の島々にふりそそいだ。暖かい南極の旅であった。

授業放棄

十日間のクルージング。船上生活は極めて快適であった、私たちがもっとも驚いたことはキャビンのドアに鍵をかけないことであった。我が日本人グループのツアーリーダーも、さすがに心配になり、「大丈夫ですか？」とクルーリーダーに確認する。大変失礼な話ではあるが、私たちが気にしたのは、クルーのメンバーが入り込んで金目のものをネコババすることがないかということであった。リーダーは、「そのようなクルーはいない！」と言下に否定した。大変な自信だと思った。もし、仮にツアーメンバーのだれかの部屋から何か無くなったら主催者が責任をとらねばならない。鍵をかけて客に責任をもたせた方がよっぽど気楽なはずだ。だが、そんなことはせずに、客が在室していない時も各キャビンを出入り自由にしている。客が出入りする際に、あるいはベッドメイキングなどの際に客室係がいちいち鍵を開け閉めせずにすむよう出入り自由ということにしている。これは、乗客の中にも他人の部屋に入り込んで盗みをやる者などいるはずはないとの確信がなければやれないことである。

クルーや客同士徹底的に信頼しあうクルージング。実に気持ちのよい十日間であった。都市のホテルでは、部屋を出ると屋内でも街頭と同じと心得よと注意される。厳重な施錠が欠かせない。

オリエンテーションや講義に全員が集まるラウンジは二四時間出入り自由で、コーヒー、クッキーが常備されている。クルーのメンバーは実に気が利いていて親切である。船は今どの辺を走っているのだろうかとの、でたらめ英語での質問にも、壁にかかる大きな地図の前まで案内して丁寧に説明してくれる。

ダイニングでは、それぞれのテーブルにかかりつけのウェイター、ウェイトレスがいて一日三食、十日間の食生活ですっかり親しい友人となる。我が日本隊のメンバーのだれもが懸命に日本語を覚えようとする彼らのよき日本語教師となっていた。

天候が急変し、船が突然傾く。テーブルのグラス、食器が滑っておっこってしまう。ガチャン！と割れる音があちらこちらで聞こえる。ウェイターが大急ぎで水差しをつかんでテーブルクロスにドバドバと水をかける。すると食器はぴたっとくっついて船が傾いても流れない。それが実に面白いので次はウェイターを待つことなく、客たちが自分で水をかけて滑りを止める。

日本隊の中に新婚夫婦のカップルがいた。ふたりは南極で結婚式を挙げることがこの旅の目的の一つであった。クルーは、彼らの要請を快諾し、キャプテン（船長）主催の南極結婚式を全員参加で挙行し、祝杯をあげた。

クルーはだれしも親切で、ツアー客に対しての心配りは十二分であった。楽しい日々の続く十日間であった。だが、それでも私は一つだけどうしても納得できないことがあった。

このツアーは、「南極セミナー・クルージング・ツアー」と銘打って宣伝されている。チラシなどを見ると、その道の権威者らが入れ替わり立ち替わり講義をすると説明している。中には昭和基地で越冬を経験した日本の研究者の名もあがっている。

南極を知るいい機会だ、と私は期待した。自らの眼で見、手と足で直に南極に触れる。同時に十日間の旅で十分な時間を使い専門家の講義を受ける。帰国するとすっかり南極通だ、と皮算用していた。

「クリッパー号」でも確かに地質学者ヘンリー教授をはじめ多くの専門家がつぎつぎと講義のリレーを展開した。だが、私には彼らが何を言っているのかさっぱりわからないのだ。理由はいたって簡単。教授らの話す言葉、つまり英語がまったく理解できないからだ。

我が日本グループの中にも英語の達者なメンバーが幾人かいた。彼らは「教室」の前方の席を陣取り、熱心に講義を聞いている。外国人グループのメンバーは何国人であれそれこそほとんど全員が英語を解する。

英語がまったく聞き取れない日本グループの十数名だけが後方の隅っこに顔を寄せ合い、わからない講義とつきあっている。我がグループのツアーリーダーが時折講師の話の内容を通訳する。だが、その度に外国人グループのメンバーが「うるさいヨ」といった顔つきでこちらを振り返る。中断しては、遠慮しいしいの通訳が続く。

南極の文献をいくつか読み、参考書や筆記用具を持参して、講義に大きな期待を寄せていた私は、この状況にいたくがっかりしてしまった。こんなはずじゃなかったという思いで、イライラが高じる。五十半ばになるまで英語すら習得できない自らに腹が立ったし、また、英語を解しない乗客を無視して、通訳の時間すら与えずに話し続ける講師や、主催者にも腹がたった。

　これでは講義を聴いても得るものはないし、その度に不愉快な思いをするだけである。二回目以後は完全授業放棄を強行した。講義のある時間は、キャビンで独り南極越冬記や、シベリア紀行を読んで過ごした。

　私の参加した今回のクルージングは、百三十人がウシュアイアで乗船した。我が日本人グループは、その中の二三人であった。船としても二割足らずの日本人のために、いちいち日本語に訳することによって講義の時間を二倍にするわけにはいかなかったのかもしれない。南極クルージングの船は一隻だけではない。南極半島の周辺の島々を回っている時に停泊している二隻のクルーザーに出会った。私たちが出航した翌日、五十人の日本人グループを乗せた別のクルーザーも出航したという。

　どうやら私たちは、英語を話す欧米人グループを主体としたクルージングツアーの「空席」に座らせてもらったようだ。

　五十人もの日本人が乗船する船では、日本人を無視して通訳の時間も与えずに英語による講義を続けるようなことはないであろう。宣伝チラシには日本人による講義や、船内での日本食のアレンジなどについても強調している。旅行「商品」はみな一様ではなかったのだ。いろいろな内容の南極クルージングツアーがあるのだろう。英語もぺらぺらで国際交流を期待する者にとっては、今回私が参加したようなクルージングの方が最適だろう。私のように日本語での南極講義に期待する者は、参加するツアーが期待に応えるものであるかどうか、事前によく旅行社の企画を調べる必要がある。

もういちど南極へ

日本から最も遠い旅を体験したことは大きな財産になる、と旅を終えてルームメイトのOさんに話すと、「それに今後は、もうどのような景色に出合っても驚くことはない」と彼は言った。「南極はどうでした？　と皆さんはきっと帰国後幾度も尋ねられるだろう。それに対してそれぞれ『すばらしかった』『ビューティフル』『感動した』等様々な表現でこたえるだろう。だが、それらの答はいずれも皆さんのほんとの実感を表現してはいないだろう。南極体験は、どのように他に伝えようと、結局は各人の胸の中にある。訪問者はそれぞれ自分自身の南極を持ち帰る」――これはお別れパーティでの船長のスピーチ。南極体験者のうまく言い表せない気持ちをズバリと表現したスピーチであった。それぞれが他に伝えようのない「オレの南極」を何よりのみやげに持ち帰ったのであった。

旅を終えて二ヶ月が経過した今、パラダイスベイを見下ろす丘の上で経験した、あの奇妙な感覚に再びとらわれている自分に気づく。俺はほんとに南極へ行ったのだろうか、という妙に現実感の伴わない記憶となって旅が思い出される。特等席から巨大スクリーンを眺めていたような実感である。本来、旅は自ら汗をかいて移動し、日常生活では実現できない事物との出合いを得るものだ。だが、今回はクルーザーという「ホテル」の方が移動し、めまぐるしく移り変わる風物をつぎつぎと目の前に運んできた。汗をかくこともなくそれらに出会うことができた。きっとそのために記憶に現実感が伴わなくなったのだ。

「ドレーク海峡」がやさしく迎えてくれたこともまた、現実感のない記憶の原因となっているのだろう。

荒ぶれる「ドレーク」との邂逅のため、南極再訪は欠かせないと、とんでもないことを考えているこのごろである。

宮古・八重山随想

八重の山々

ほとんどの者が「八重山より宮古の方がいい」という意見である。転勤のさいの希望地。理由は経済的な負担が軽いということ。

例外もあるだろうが、多くの場合宮古・八重山転勤は単身だ。たびたび沖縄島の家族のもとへ帰らねばならない。那覇までの往復割引航空券の価格が、石垣からは二万六千円余だが、宮古からだと二万円を切る。しがない給料取りにとってこの差は大きい。帰宅は年に一度や二度ではない。航空機の回数券を購入する者もいる。

「五時から男」どもにとってネオンの下の散歩費用も切実だ。平良市の飲み屋街「西部戦線」に参戦しても財布の中は異状なしということだが、ここ石垣市の「美崎町」ではことのほかふところが軽くなる。ハッスルした翌日からは「金ちゃんヌードル」を買うにもフトコロさみしい。日常生活でも、食料品といわず衣料品といわず石垣では全て那覇の〇%増だ。宮古はさにあらず。物事の費用がすこぶる安いと伝え聞く。

かくて、沖縄島から転勤する者の多くは八重山ではなく宮古を希望することになる。

このようなことを赴任前に耳にタコができるほど聞かされていたにもかかわらず、私は「石垣ならば行ってもいい」と、石垣への赴任を、いわば条件として転勤を積極的に受けたのであった。昨年の四月。八重山を選んだのは、経済的な余裕があったからという理由によるものでないことはいうまでもない。

十年以上も前に、初めて屋久島を訪れた時の感動を今も忘れることができない。鹿児島港を出航して四時間も船にゆられて到着したその島は、けぶる霧の中に、まるで大陸のような様相で現れた。幾重にも連なる山々の稜線。乳白色にかすむ空のかなたに消え去る頂の姿は、後方に限りなく広がる大陸を控えた巨大な山塊に思える。まないたを浮かべたような種子島を左に見て南下した船旅であったのでその対比は強烈であった。

隣同士の、同じような大きさの離島なのになぜこれほどまでに対照的なのか。宮古島と石垣島の関係もこのあり様に酷似している。

種子島を素通りして屋久島に渡った、十数年まえのあの旅と同じ理由で、私は遠い八重山を選んだ。八重の山々の懐には、必ずや、さまざまな顔で息づく表情豊かな自然が展開しているであろう——この期待が強かった。

期待は裏切られることはなかった。ビルの谷間から十五分で行き着くバンナ展望台。眼下に広がる石垣の市街や名蔵の川、橋、緑。その名蔵湾を赤く染める夕日。バンナ岳のふもとで静かに人々を待つ森林公園。三十分で山頂に達する洋上アルプス「野底マーペー」。九州一高い山である宮乃浦岳が屋久島にあることと同じように、ここ八重山にあって沖縄一の高度を誇る於茂登岳等々。いずれも八重の山々が織り成す自然の表情である。

さらに訪れる者の脳裏に、それぞれの特徴を強烈に焼きつける多くの島々。今や貴重な存在となっている秘境を残す西表島。

二カ年ではとても尽くすことのできないであろう彼等とのつきあいが始まった。

宿をみつけたやどかり

転勤先に着任すると、得意先というか、仕事のうえで関係のあるところにあいさつ回りをする。当石垣では、それが二～三時間ですんでしまう。数ヶ所もある相手を全て回りきるには、例えば那覇ならば一日がかりである。へたすると二～三日を要することがある。

当地では、そう広くもない地域に相手が集中しているので、あっという間に「ひとまわり」してしまうのだ。着任初日にして「ここは何て便利なところだ！」と痛感する。

生活を始めると、この思いはますます強くなる。住民登録をするには市役所に行かねばならない。毎月の送金は銀行で。知人・友人への特産物郵送は郵便局。単身世帯の家財道具を買いそろえるには何と言ってもディスカウントショップ。これらの店や施設等が全ていわば座っていて手の届く範囲に集中しているのだ。

すさまじい渋滞で、道路が道路としての役割を果たし得ない那覇での通勤は一五分の距離でも一時間を超えてしまう。当地の通勤は車で二分、歩いて十分。

市民会館ではすばらしい催しものが絶えない。新栄公園ではビッグなイベントが次々と挙行される。会館も公園もまた、住まいからそう遠くない。気軽に出かけることになる。那覇では思いもよらぬ生活だ。文化に満ちみちた日々が続く。

凝集された都市機能が怠け者の私にはたいへん助かる。

「む、こりゃいいや！」と思った。「八重山毎日新聞」のことである。いつの頃からかトイレで朝刊を読む癖ができた。分厚い県紙を持ち込んでのトイレは、おのずと長くなる。独占するなと家族に叱られる。朝の貴重な時間帯ゆえにその罪はとりわけ重い。

那覇から当地へ赴任した当時、当地（石垣市）の地域紙を手にして、これは俺のためにつくられた新聞だわいと思った。「視野は世界に視点は地域」（だったか？）の方針で編集され、国内外の重要ニュースや県内のニュースが手頃に配置され、加えて当地のローカルな話題を提供している。そしてまた、手ごろなその薄さがいい。石垣に来てトイレが短くなった。全国紙や県紙のダイジェスト版の役割も果たしている。

やどかりは深夜宿がえをするという。生命の危険のない安全な深夜に彼はそっと狭くなった「家」を抜け出す。大きくなった自らの身体にフィットする貝殻をさがして裸のまま走り回る。やっと見つけた殻に我が身を押し込む。狭かったり、広すぎてゴロゴロしたりすると、またもやそれを捨てて別を捜し回る。ピッタリサイズをみつけると初めて安心し、しばしの居所とする。

幼少の頃、生まれ島で退屈な日々を過ごした。背負っている殻がどうにも小さすぎて窮屈であった。長じて首都東京での生活。近所の雑貨店ではビールも煙草も売っていない。デッカイだけで、こんな不便な街はない！　と思い続けて年月を重ねた。那覇での生活も「コンベンションセンター」まで出かけるには余程の決意がいる。コンサートはやめてテレビのまえに寝転ぶことになる。

「石垣の便利さは俺の生活波長にぴったりだ」と思う。

大き過ぎもせず、窮屈な程狭くもない。やっと心身にフィットする貝殻をみつけたやどかりの心境である。

民俗調査の「視点」

琉球大学比嘉政夫教授の講演を聞いた。石垣市の市史編集室主催の市民講座である。講演テーマは「八重山民俗文化の特徴と変化」。

川平の地域調査など興味深い話が続いたが、中でも次の指摘がとりわけ印象深かった。

「他所から来た研究者が、ある地域を理解するには時間がかかる。その地域の集団の所属員は、その集団の文化の特徴をよく知っているはずだ。だから集団の所属員自らそれらを記録することは極めて重要である。」なるほどウムウムとおもいつつメモをとった。しかし、あとになって、集団の所属員は自らの所属する集団の文化の特徴など、なかなか気付くものではないことに気付いた。

ものごとの特徴というものは、他との比較とか、一定の視点をもって検討するといったような作業があってはじめて浮かび上がってくるものである。集団の所属員であるというだけでは、その集団の民俗文化の特徴を洗い出すための有利な条件にはなりえないだろう。所属員が「視点」

を獲得した上で、改めて所属集団の文化を自覚的にみつめなおすならばいくつもの重要な特徴を発見することができるであろう。「視点」を獲得した所属員―これが民俗調査の強力な「武器」になるのではないか。

このようなことをつらつら考えている時に那覇市首里の県立芸大で実施された沖縄・八重山文化研究会の例会に恐る恐る参加した。そうそうたる研究者のメンバーの集まりで、私などはついていけない極めて高度な議論が交わされるだろうと気掛かりであった。

にもかかわらず新聞の案内記事を読んでひとりででかけたのは、「八重山のあだ名」ということで、村や家や人のあだ名について討議するという、非常に魅力的なテーマであったからである。報告者は研究者らしい「ヤマトンチュ」であった。出席者は私以外は恐らく全員八重山出身者であろうと思われた。八重山の住人ということでは私も有資格者といえよう。

でも、石垣市民となってまだ二年足らずの私は、皆さんの討論を聞くだけで発言のしようがなかった。それでも議論は非常に面白かった。各村々がどのようなあだ名でよばれていたのか、家はどうか。人のあだ名にはどのようなものがあるか。それらのあだ名の由来は何か―等々、議論百出で私以外の参加者全員が発言していた。

「よそ者」である研究者が一定の視点でテーマにかかわる問題を整理して報告する。その報告を受けて「所属員」が昔のことを思い出し思いだし、あるいはさまざまな伝聞も紹介しながら報告の内容を豊かにしていく。
文化研究会——そこに集う人々は『視点』を獲得した所属員」のようであった。過日、波照間文化協会結成の報道もあった。集団の所属員である地元出身者でこのような研究会・協会をつくる意義は、所属員が「視点」を獲得することにある。その地の民俗文化の調査・記録が大きく進展することになる。

御嶽の不思議

若者の自転車や、碁盤の目のように区画整理が整った集落のたたずまいなどのほかに、石垣住まいを始めて新鮮な印象をうけたものに御嶽がある。御嶽がいくつも、しかも人びとの生活のすぐ隣に鎮座している。

石垣市の中心は埋め立て地の方へ移動した。わたしの職場は旧中心街の近くと思われる所に位置している。中心が移ったとはいえ、「シカ」でもまだまだ地価の高い場所であろうと思われる、わたしの職場のすぐ隣と、逆の側の一軒へだてた所に御嶽がある。

一方は大通りから一つ中には入った所であるが、一千坪もあろうかと思われるような広大な面積だ。他方は大通りに直接、接していて近くの宅地と比較すると、これまた結構な広さである、御嶽の境内は広場であったり、昼なお暗い、木々の繁る空間であったりする。広い敷地に社がぽつんと建っている。「一等地にこのような遊休地が！　もったいない！　この土地は売りに出すと一体いくらになるだろう?」と、さもしい根性丸だしで考えるのである。

猫のひたい程の住宅地も手に入らない庶民が多いことを思うと、なおさらため息交じりで痛感する。わたしの職場の両隣だけでなく「シカ」を歩き回っていると、このような御嶽がいくつもある。いずれも最良の立地条件の場所を占拠している。金銭に換算しないと物の価値がわからない資本主義的軽薄人間には「もったいない」と感ずるのである。

土地の人びとの御嶽に寄せる思いがなみなみならぬものであることがわかる。なみなみならぬ思いというよりも、御嶽なしでは日々の生活・一年のなりわいが、なりたたないのではないのか。豊年祭シーズンともなればそのことがよそ者にも手に取るようにわかるのだ。それでも「なぜ一等地に?」と思うのである。

御嶽信仰とでもいうべき宗教は沖縄のいたるところにある。しかし、石垣市のように都市の一等地にかくも多くの御嶽が広い空間を占拠している状況はめずらしいのではないだろうか。

村はずれの、寂しげな森の中などにあって、「ウガミサー」のおばーたちだけがクルウコーをたいて手をあわせている――これが御嶽についてのわたしなどのイメージである。石垣島では、なぜ御嶽が人びととの生活のすぐ隣にあって、いわば同居状況を形成しているのだろうか。読み聞きしたことによればその原因については、いくつかの説があるようだ。たとえば――

八重山では御嶽を中心に集落が形成された。だから、いずれの御嶽も人びととの生活の場の中心に位置している。

という説がある。あるいはまた――

昔は御嶽のあるところは人家のない寂しい場所であった。住宅が増え、集落が肥大化する過程で御嶽が住居群にのみこまれてしまった。

と説明した者もいた。

豊年祭や、その他いくつもの祭りが御嶽において地域住民総出で催されている現状をみるならば前者の説が正解ではなかろうかと思う。

その昔、人びとが共同生活を始めた時代（とき）から、その中心に常に御嶽があった。御嶽を中心にさまざまな祭祀儀礼が年ごとにくりかえされた。そのことが人びとの集団への所属意識を高め、連帯感を強固なものにしてきた。御嶽はこの地の住民にとってかけがえのない存在であったし、それは今も変わらない。一等地にあっても住居やビルを建てるために御嶽をつぶすことはありえない。御嶽は集団の、もっとも大切な場としてみんなに大事にされる。人びとのこの価値観が太古から現在に連綿と続いている。

ところで、御嶽を中心に集落が形成されたのであるならば、それぞれの「御嶽集団」は明確に特定されるはずである。寺の檀家、神社の氏子のごとく各家々とも自ら所属する御嶽は決まっているはずである。

このようなことを考えていたある日、まさにそのとおりであることを講演の講師の話で確認してひとり喜んだ。その折りの講師の話にヒントを得て、職場でミニ調査を実施した。地元の者全員（七名）に対してそれぞれの家が特定の御嶽に所属しているのかどうか尋ねた。結果は別表のとおりである。
○印は所属しているとした回答であり、×印は特に所属はしていないとの回答である。表は白保や川平など都市地域から離れた集落では氏子制度が今も厳然と生きていることを示している。
しかし、都市部の「シカ」では御嶽は行政上の集団である字の管理になっており、氏子制度は崩れているようだ。調査対象をさらに広げても、おそらく結果において大きく異なることはないだろう。

この状況をどのように評価すればいいのか、旅人にすぎない身には判断のしようがない。ただ「神々の足音が聞こえる」という八重山でも、その足音は徐々に遠のいているように思えるのだ。やっと見ることができた宮良の「アカマタ・クロマタ」が、司会者付き、来賓あいさつたっぷり

＊質問　「あなたの家はどこかの御嶽に所属しているか？」

氏名	所属字	回	答
A（50歳代・女性）	新川	×	新川には二つの御嶽があり、そのどれかに所属しているということはない。その二つが字新川全世帯の御嶽。
B（50歳代・男性）	登野城	×	登野城には四つくらいの御嶽がある。四つとも字が管理している。豊年祭の時は△△御嶽、別のイベントの時は○○御嶽で一というように使い分けている。
C（50歳代・男性）	石垣	×	字石垣には御嶽が五つくらいある。家族でそのどれかのみを拝むということはない。豊年祭には御嶽にて字民で祭をする。
D（40歳代・女性）	登野城	×	どこかの御嶽に所属しているなどということは聞いたことがない。自分たちが離島出身だからということでもないと思う。現在地に住むようになってからすでに40年になる。
E（40歳代・女性）	川平	○	「群星御嶽（むりぶしうたき）」に所属している。川平には御嶽は五つある。群星御嶽はもっとも大きな御嶽である。川平では各家がどの御嶽に所属しているか決まっている。各家は年間に幾度かそれぞれが所属している御嶽に「うーとーとー」（お参り）する。
F（40歳代・女性）	大川	×	住居近くの御嶽にひとりで拝むことがある。我が家が所属している御嶽というのはない。近い方に行っているだけである。
G（40歳代・男性）	白保	○	白保には御嶽が五つある。その中の一つはトリーだけが残っていて荒れるままに放置されている。G家はその中の一つに所属している。

のショウビジネスの観をきたしているのにがっかりしたこともこの思いを強くした。

つながった「飛び地」

住民にとっては面白くない言い方に違いないが、「ウライシガキ」という言葉がある。訪ねた相手が留守なので、「石垣市に行ったのですか?」と質問する。聞いた後で「ちとへんだな」と自分で気付く。ここも石垣市ではないか。一島一市—石垣島はどこへいっても石垣市である。

このことは日常の会話を交わす際に意外と不便なものである。市街地と、市街地から離れた地域をどう言い分ければいいのか。市街地を言い表す場合、字石垣とか字登野城とか特定する必要性は感じない。市街地域を総称する言葉が必要なのだ、その総称を「シカ」と呼ぶことを、八重山生活を始めてしばらくの間は知らなかった。シカ=四カ=四カ字（あざ）。登野城、大川、石垣、新川の四カ字である。

「シカではね—」と八重山生活の経験のある友人に那覇で話しかけたら「おや、おまえさんもすっかりエーマンチュになったな」と言われた。「四カ字」=「シカ」が八重山では「都市部」の別称となっている。恐らく全国どこにもない独特な呼び方であろう。面白い。

知人を訪ねて与那国に渡った。字与那国○○番地とメモにある。ところが島に到着して改めて地図を広げると、与那国などという集落はどこにもない。うろたえ、戸惑ったあげく祖納が字与那国であると何とかつきとめた。

後日、必要があって宿泊した宿の所番地を調べることになった。調べていて、はたと困ってしまった。ある資料では字与那国○○番地とあり、他の資料では番地は同じだが、そこは久部良とある。またもや字与那国だ。字与那国は祖納のことではなかったのか。混乱した頭で与那国町の役場へ電話する。「与那国」が字で、「久部良」は小字だということがわかった。

役場の方によれば与那国の集落は全て字与那国だという。与那国は一島一字なのだ。その一つの字が一つの町になっている。このようなケースもまた全国でもめずらしいのではないだろうか。そのことを先の友人に話すと、やっこさんは「与那国は一つの字であり、一つの町である。そして一つの『国』でもある」と、のたもうた。

他の島はどうだろうかと、つれづれに資料をめくると、波照間、黒島、鳩間などは一島一字のようである。竹富島もそうだろう。西表島には与那国と同じ祖納の地名があるがこれは字なのだろうか、それとも小字なのだろうか。「西表」という字はなさそうだ。ウナリ崎という恐ろしげな地名があるが、これも字名だろうか。

於茂登岳の登山道入り口に小さな集落がある。「字於茂登」だろうと思っていたら、この集落が字真栄里だという。ナヌ！　真栄里は「シカ」のすぐ近くにあるではないか。同じ名前の字が二つもあるのか、と思う。それでは郵便局が混乱するではないか。それとも同じ真栄里で、於茂登の麓のそれは飛び地になっているのだろうか。

石垣の字には飛び地がある――ずっと考え続けていた。ある時、字の境界線の入った石垣島の地図が手に入った。

この地図によると、山麓の「真栄里」は飛び地になっているのではなく、『シカ』の近くの真栄里」からずっと続いているのだ。だから、字の形は鰻の寝床以上に細長い帯状をなしている。みると隣の平得も大浜も、はるか山岳地まで境界線が北上し、同じように字は帯状に長い。大都会である字登野城も、はるか山の方まで伸びている。

石垣島の字は何本もの「帯」が南北に走り、新栄、浜崎、美崎といった埋め立てによって新たにできた「町」が地図の下に小さくくっつくような形となっている。封建権力が治山の民として使役する必要のためにこのような細長い形の字を定めたのだという。

地図をみていると、過酷な労働を強制された昔の人々の苦労、そして幼少の頃のなつかしい思い出のつまった海岸線を次々とつぶす貪欲な現代人の顔が浮かびあがる。

八重山字考余聞　大字と小字

「でたらめを書いたらいかんよ」——西表出身の友人から電話がかかってきた。随想欄で『西表』という字（あざ）はない」と書いた私の文を読んでの指摘である。「つながった飛び地—八重山字考—」と題しての投稿。与那国は全ての集落が字与那国だが、地図などには小字名しか記されていないのでそれとわからずに混乱したこともその随想のなかで書いた。

「沖縄・離島情報」という本が手元にある。長野県松本市在の「創栄出版」発行でよく読まれている隠れたベストセラーらしい。同誌の末尾に宿泊情報の欄があり、例えば石垣島の項では宿泊所の所在地として大川、新川、登野城、白保等の記載がある。これらは小字ではなく大字である。

同じく西表島の項をみると白浜、祖納、船浮などの名が見えるが「西表」がない。どうも西表島に西表という字はなさそうだ—と思ったのである。宿泊所がないだけではないだろうかとも思い字西表を地図で探した。ＪＴＢ八重山事務局・営業所発行の「八重山のレジャーマップ」。「離島情報」と同じように白浜、祖納などの地名が記されているが、やはり「西表」の文字はみえない。

ところが、我が友人は字西表はあるのだという。はて？　と思い、今度も町役場に電話照会する。職員は白浜、祖納は小字でこれに星立（「干立」と書かれている資料もあるがどちらが正しいのだろうか？）、舟浮を加えこの四つの小字をいっしょにしたのが大字「西表」なのだという。西表の東部の方も「離島情報」や「レジャーマップ」には登場しない「南風見」が大字で書かれている。

「情報」の与那国島の項をあらためて確認すると、宿泊所の所在地として字与那国〇〇番地とされているところがあるかと思えば、祖納、久部良など小字が記されているところもある。冒頭に書いたように石垣島については小字ではなく大字名が書かれている。

地図や情報誌では大字と小字が区別なくゴチャゴチャに使用されているのだ。「混乱したのはおいらのせいじゃない」「字西表はない―などと明白な誤りを堂々と新聞に書いたのもおいらのせいじゃない」と思いたいのである。

国土地理院発行の五万分の一「地形図」で確認した。これはあいまいな記載の許されない権威ある資料といえよう。これによると、例えば干立、祖納、白浜、舟浮などの小字の名がそれぞれ書かれていて、それらのほぼ中央の位置に、少し大きな活字で「西表」の表示がある。同じように上原、古見、南風見等の「大字」名と思われる地名が確認できる。

大字・小字の行政区分けはヤマトにしかないと思い込んでいたら八重山に来て面白い出合いを経験することになった。県内では八重山だけにみられる区分けだということを確認しようと思い、ことのついでに県の担当課にこれまた電話照会すると、各市町村の財務課あたりに確認しないと、それぞれの地についての正確なことはわからないが、基本的には全県の市町村で大字・小字の区分けはあるとの説明であった。

ローカル紙の読み方

八重山毎日新聞が新聞週間にちなんで意見・提言・苦情を募集し、(批判的な内容であっても)紙面の許す限り掲載するとした。

しょっぱな掲載された投稿の筆者は地元の方らしい。その中で「想像されることは、確実に全国紙や県紙と単純に比較した論評があろうということである。」と「予言」し、本土や沖縄島でのあり方が絶対的に正しいと信じ、頭から「教えてあげましょう」という見当外れの意識を根底にした意見がままある―と指摘している。

この「予言」は的中した。十月十七日の本紙に、東京から移り住んで二年になるという匿名希望の読者の投稿が載った。この匿名氏は、寄付の記事は必要なのですか？―と疑問を発し、「東京などでは数十万円の寄付などというものはよくある事で、それが地域の新聞に掲載されるということはあまり聞きません。」と述べている。

先の「予言」そのものずばりで「東京では―」の文言が見える。あまりの的中ぶりに私はひとり高笑いした。匿名氏はまた新入学児童の名前を紙面で紹介していることに「義務教育の一段階を通過する位でいちいち大騒ぎしてどうするのですか。」と怒りを表明する。後日「わたしもやまとんちゅうだが―」と宣言した投書が掲載された。投書氏は、そのような言い方は地元の人たちに失礼だ、と匿名氏を批判している。

これも新聞週間にちなんだ企画であったと思うが、最近新聞広告感想文のコンクールがあって、石垣島の新聞に掲載された「牛が逃げた。情報提供者に謝礼を」（と記憶しているのだが正確ではないかもしれない）という広告の、豊かなローカル色への驚きを綴った女性の感想文が入選した。

匿名氏と、この入選者の、ものの感じ方は全く対照的だ。その対比が実に面白い。匿名氏が、東京と同じようにものごとがなされていないことに日々イライラをつのらせている様子がうかがえる。

かたや「入選者」はローカルならでは出会うことのないできごとに感動し好感を覚えて地域にとけこんでいる。日々新鮮な経験を重ねている彼女の生き生きした八重山生活が目に見えるようだ。

小学校に入学した全ての子どもたちの氏名を新聞が掲載する——こんなステキなことはない、と、わたしなどは思う。ファイルすれば一生の記念にもなろう。長年を経た後も入学の頃、社会にどのようなことが起こっていたかという、歴史とともにふりかえることができる。

県紙や全国紙がそれをやるわけにはいかないだろう。ローカル紙なるが故に可能なことである。このような記事が載ることがローカル紙の意義であり、楽しさでもある。

逃げた牛を捜してくれという新聞広告も楽しいではないか。朝日新聞や沖縄タイムスでは、とてもお目にかかれない。東京出身者も那覇から来た者も、こちらの住人となって読むのがローカル紙の読み方といえよう。山の手線の内側に心を置いてきたままではローカル紙は楽しめない。

八重山言葉よ、どこへ行く

「八重山音楽祭」があるというので新栄公園へでかけた。昨年の今頃。祭りのテーマがステージ中央に掲げられている。「あまから　くまから　ひやさっさ！」。

「ぬーがやら　いふなーやっさ」と私は思った。これは沖縄島の言葉ではないか。八重山音楽祭で、なぜ沖縄島の方言がメインテーマとして掲げられるのだ？　釈然としないので、職場で地元の方に「この意味がわかるか？」と尋ねると、わかるという。

八重山では沖縄島の方言が通ずるのかと思うと、そうでもない。沖縄島出身の者が何か方言で言うのを地元の者が聞いていて理解できないということは職場でもちょくちょくある。

今年もまた「音楽祭」を聴きに公園にでかけた。まえから地域紙などでも紹介されていた「ばんない　ばんない　ちゃーばんない」というメインテーマの文字が正面に踊っている。「今年もか！」と思うのである。またも職場で尋ねる。尋ねた相手が意味がわかるというので、この言葉は八重山の言葉なのだろうか？　と、おっつけて質問すると、そうでしょうと軽く答える。

沖縄島でも使う言葉だが、もともとの八重山の言葉なのか―と念を押すと、「そう言われてみると……どうでしょうか―」と。

もともとの八重山方言であるのか、沖縄島の方言がいつしか八重山方言としても広く使用されるようになったのか、あるいはまた沖縄島から移住してきた人たちが使用している言葉を何回も身近に聞いていているうちに理解するようになったのか――わたしの質問に答えた方もよくわからないという。

当地でも八重山方言で会話しているのを聞く機会には、なかなか恵まれない。歌謡の歌詞や、「自転車のふたり乗りはやめよう」という、街頭の立看板などはわれわれよそ者にはまったく理解できない八重山方言で書かれていたりするのだが。

「シカ」の、とある食堂の壁に八重山方言の一覧表が掲げられていた。その中の、例えば動物名の部分だけを抜き出してみると――

A群　イン
　　マヤー
　　ンマ
　　ハブ
　　ソーミナー

ガラサー
ガザァン
B群　オー
イズ
ウムザ

A群は沖縄島の方言と全く同じであり、B群は八重山独特の言葉である。沖縄島と同じ言い方をするということは単なる偶然ではあるまい。沖縄島の言葉が入り込んできたと考えるのが順当であろう。それとも八重山の言葉が沖縄島方言の中に入り込んだのか。

動物の名前だけでなく、多くの「沖縄島語」が八重山の言葉の中に混在し、地元の者でも、もともとの八重山方言なのか否かわからないという言葉が少なくないようだ。そのような言葉は日々増え続けているのではないだろうか。

八重山方言での会話を聞く機会になかなか恵まれないと書いたが、八重山では四十代、五十代以上の世代でも方言を自在に話すことができない者が少なくないような気がする。

五十才・男性・古典音楽のベテラン――この、私の知人は「ばすぅのとぅる」(どう表記していいのかわからないのだが…)の中舌音の部分の発音が正しくないと師匠に幾度も注意されたという。八重山や宮古の独特の発音である。もちろん彼は地元で生まれ育った生っ粋のエーマンチュである。

誤解を恐れずに乱暴な言い方をするならば―八重山の言葉は消滅に向かって歩みつつあるのではないか。それもかなりのスピードで。今年のトゥバルマー大会の歌詞の部の選評で、選者は共通語や沖縄島の方言による作詞が少なく、地元の言葉での応募作が多かったことを大きく評価して「質的に高い水準であった」と指摘していた。

「音楽祭」のメインテーマとの関連でなにかちぐはぐな感じを受けたのだが、主催者の側には、八重山を代表する歌謡の歌詞は八重山の言葉で―という気持ちが強かったのだろう。

八重山の言葉よどこへ行く？　言葉や言語学といったことには全く門外漢であり、よそ者である私も無関心ではおれない。

「ヤエヤマビト」は存在するか？

いささか刺激的な標題である。刺激的ついでに結論的なことを述べるならば、「ヤエヤマビト」という集団概念は存在しないのではないだろうか。存在しないというのは極論であろうが、少なくともその概念の輪郭は極めて弱く、薄い線でくくられたものではないだろうか。

私の古い友人は、石垣の「シカ」で生まれ育った。彼女の両親は若い時に沖縄島島尻地区から移住してきた。だから彼女は沖縄島尻系八重山二世である。家庭で、両親は日常的に方言で話した。当然沖縄島尻の言葉である。

そのような家庭環境で育った彼女は、島尻方言を自由に聞き取ることができた。たどたどしくではあるが、話すこともできた。長じて彼女は、沖縄島にて生活するようになる。ある日、八重山から一緒に出てきた友人と同席しているところで親戚の者が、彼女に話しかけた。彼女も方言でこれに答えた。親戚の者が席をはずしたあと友人は、「何の話だったの?」と尋ねた。それを聞いた彼女はびっくりした。一緒に聞いていたではないか―と思ったのである。

彼女は自分と同じように八重山で生まれ育った友人が、なぜ八重山の言葉を知らないのだろうか、と思ったという。この話を本人から聞いた時、私は愕然とした。石垣島に生を受け、高校を卒業するまで島から出なかった彼女は家庭で話されている沖縄島尻の方言を八重山の方言と思いこんで育ったのだ！「彼女の八重山」は、自分の家庭、もしくは限られた親戚、あるいは同じ方言を話す何軒かの隣近所の範囲を出なかった。

他の友人は、東京で働いていた時に、街中で一見して沖縄だとわかるような名字の店の看板などを見つけると、躊躇なく入り込んで、「おやじさん、沖縄でしょう」と話しかける。おたくは?

と聞かれると、わたしも同じですよ、と言い、彼は次に西表の〇〇集落の者ですよ、と語気を強めて自己紹介する。彼の話から「八重山」はすっぽりと抜け落ちている。

時に説明のために必要があって「八重山の―」という言葉が加わるのだが、それはあくまでも説明のためである。言葉に熱がこもるのは「〇〇集落」であり、その次は「西表」である。八重山を強調することはない。

八重山の某離島出身の先輩がいる。私たちよそ者が八重山の話をする時、彼は実に余裕たっぷりで、冷静に聞いている。的外れの非難めいたことを言っても、怒るようなことはなく、おだやかにゆったりとこれを受け止める。その彼が、自分の出身地である▽▽島の批判をされると、態度が一変する。するどい目つきに変わり、懸命になって反論を試みる。

石垣で生活していた時、住居所の近くでゲートボールに興じているご老人のグループをよく見かけた。座り込んで見物していると、奇妙なことに気づく。どうやら全員が宮古方言で話し合っているようだ。グループの全員が宮古出身なのだ。後日聞き知ったことによると、私の住居の周辺の家々はほとんどが宮古出身者だということである。注意して見ると、狩俣、下地、平良、砂川といった表札が目につく。

夕方、海岸を散歩していると、一日の漁を終えたばかりなのか、若い漁師仲間らしい青年たちがビール缶を片手に談笑している。通りがかり、ふと足を止めて聞き入ると、その言葉は、何とアクセントですぐに糸満とわかる方言ではないか。

台湾からの移住者が同じ地域に集団で生活していて、共通の故郷台湾の神事を営むドキュメントがテレビで紹介されていた。

これらの事実から明らかなように、八重山ではさまざまな小集団が渾然と溶け合って「一つの八重山」を形成するということがない。それぞれが自らの小世界をつくりあげ、互いに交流することが少ない。「合衆国」「モザイク国家」と呼ばれるゆえんである。

沖縄島で八重山出身者だけの「飲み会」をやるということはあまり聞かない。宮古出身者の場合はよく聞く。宮古出身者の、集団としての凝集性の強さ、宮古人としての帰属感の強さと比べると、八重山は極めて明確な対照をなしている。

しかし、先に述べたいくつかのエピソードに見られるように、一つの離島、字、出身を共通にする集団など、より小さな集団の凝集性は極めて強い。宮良のアカマタ・クロマタは、一連の祭りの進行行程のある部分については他者には絶対に見せないというが、この場合の「他者」とは、八重山人以外ということではなく、字宮良の住人以外ということである。

八重山の人々がよりどころとする集団は、「八重山人」という集団ではなく、宮良であり、川平であり、西表の字○○であり、あるいは小浜であり、黒島である。「ヤエヤマビト」は存在せず、存在するのは「カビラビト」であり「クロシマビト」である。

宮古の場合、宮古出身者という集団は、人々の大きなよりどころとなっている。その宮古においてもっと小さな単位の集団が、その構成メンバーにとってどのような意味をもつ存在となっているのか、各人は字や地域、あるいは島といった小集団を飛び越えて「宮古」への帰属の方をより強く意識しているのか、あるいは「宮古」以上に強い帰属感をそこに抱いているのか、筆者の勉強不足でよくわからない。

いずれにしろ宮古の人々にとって「ミヤコビト」という集団は人々の強いよりどころとなっているが、八重山の人々にとって「ヤエヤマビト」という集団は、それほど強く意識されることはない。八重山では、字や島などもっと小さな単位の集団が人々のよりどころとなっているのである。

このこと自体は、もちろん価値評価を伴うことではない。どちらが良いとか悪いとか言えることではない。他者を拒まぬ八重山のおおらかさがこの地に各地からの移住を誘い、今の活気を実現し、強力な宮古の団結が困難な課題をやりとげさせる。それぞれの局面でそれぞれがプラスに働く。当然マイナスに働く局面もあるだろう。

宮古と八重山の対照的な相違点の一つである。

この原稿を八重山出身の友人に読んでもらった。彼は、他から移住してきた者と、もともと何代にもわたって八重山に住んできた者の意識はイコールではない。オレは自分を「エーマピトト」

だと思っている―とコメントしてくれた。その彼も、宮古との比較においてミヤコビトの凝集性がヤエヤマビトのそれよりもはるかに強いことは認めた。

黒島へ

「竹富町」の島の一つ――黒島。

竹富町の町役場は石垣市に在る。役場の職員のほとんど（おそらく百パーセント）が石垣市民であり、住民税などを石垣市に納めるという奇妙な現象をきたしている。

「町」は八つの島で構成されており、島間の交通は定期便もなく極めて不便である。一方、石垣市のある石垣島と、それぞれの島の間は定期船が頻繁に往来していてにぎやかだ。竹富町のいずれかの島に役場を置くより石垣市に「間借り」した方が、すべての島の住民へ公平なサービスができるということになる。

最も大きな西表島に役場を移す話もあるが、なかなか実現しない。そうなると、他の島の者は役場に用事がある度に石垣島を経由して西表島まで行かねばならない。これ程めんどうなことはない。

黒島はそんな「竹富町」の島の一つである。石垣港から船を進めると、目と鼻の距離にある竹富島を右にみてその後ろに回り込む。三十分の船旅で着いてしまう。

二百人の人口に二千頭の牛

「二百人の人口に二千頭の牛」と、石垣のホテルで見せてもらったビデオは紹介していた。黒島は牛の島であり、牧場の島である。基地の島沖縄を評して、「沖縄に基地があるのではなく、基地の中に沖縄がある」―ということがよくいわれる。黒島に初めて渡ったとき、この言葉を思い出していた。黒島に牧場があるのではなく、牧場の中に黒島がある。ミニバイクで走り回った。島中どこへ行っても、目の前に牧場があり、牛がいる。大きなのが何十頭も群れているかと思うと、広い牧場に一頭だけで、ゆったりと草を食んでいるものもいる。何百メートルも続く一直線の道路が縦横に交差する。まっすぐな道の左右は広大な緑の牧場が広がる。どうしてもここが小さな島とは思えない。大陸の草原、あるいは、所によってはアフリカのサバンナといったイメージだ。

一九九五年十月十日十二時二十分、黒島へ向けた「スバル7号」は石垣港の岸壁を離れた。乗客は他には二人連れの女の子たちだけであった。尋ねると、兵庫県の高校生で、黒島の牧場を見にきたのだという。那覇まで飛行機を使用し、すぐにフェリーに乗りついで石垣に来た。首里城や南部戦跡には目もくれずに。帰りの船がいっしょならば黒島の感想を聞かせてもらうことを約束して別れる。数時間後には若い黒島ファンが、また二人ふえることを期待して。

失敗を重ねて畜牛に到達

「いろいろやってみて、みな失敗したんですよ」―大正元年生まれだという宮良勇吉さんは、笑顔を絶やすことなく畜牛の歴史と苦労をたんたんと話す。

いつものようなミニバイクでの牧場回りだけではつまらない。牧場の「中」を見せてもらおうと、役場の知人に「畜牛でチァーガンバイ（奮闘）しているお年寄りを紹介してほしい」と頼んだ。彼女が紹介してくれたのが宮良さんで、その場で電話を入れてもらった。町広報の最新号の表紙に、奥さんと二人野良着姿で写っている姿が実にいい。あふれんばかりの笑顔が人柄を感じさせる。港の近くの貸し自転車屋で広報を見せるとすぐにわかった。仲本地区の人ですよと言うので、そのまま自転車を借りてかって知ったる直線道路をつっ走る。

八十歳を越えて百頭以上も飼うのは難しいだろうと宮良さんは冒頭に語る。そして自らは二百頭の牛をひとりで飼っていると誇らしげに紹介する。

牛のセリは奇数月の二一日（だったか？）に実施される。宮良さんは毎回四頭程の牛を出す。平均して一頭二百五キロ。二五万円。四頭で約百万。しかし、これはキロ千円の場合の価格。暴落すると五百円まで落ちることもある。「千円なら引き合うのだが」と宮良さんは強調する。

この島は、岩礁にわずかに土をかぶせたような島である。人びとは珊瑚礁の上で生活しているようなものだ。土地に保水力がなく農作物は育たない。牧草がやっとといったところ。

遠い昔は粟をつくっていた、と宮良さんは言う。首里王朝への人頭税を粟で納めていた。こんなところでも粟は育った。その後キビ作が続いた。キビも土地が肥沃であることを要しない。だが、トラクターで畑を耕す機械化の時代になるとキビもだめになった。ひと皮剥くと岩盤につきあたる黒島の土地ではトラクターを入れることはできない。若者が次つぎと島を離れ、製糖工場の機械を動かす者までいなくなり、二カ年間は収穫したキビを石垣島まで運んでいた。そんなことでは、とても続けられず、キビもとうとうだめになった。「その後たまねぎをやった」「煙草の時代もあった」。しかし、いずれもうまくいかず、島の人たちは畜牛を始めた。畜牛もまた大きな障害にぶつかる。牛は大量に水を飲む。黒島には水がない。井戸を掘っても出てくるのは潮水だ。比較的塩分の少ない場所の井戸から他の地域の牧場へ水を運ぶ労働がたいへんだった。

昭和五十年に西表島から海底パイプで水道を引く事業が実現して初めて畜牛の成功にこぎつけ

ることができた。

ダニの発生にも往生した。薬液に全身をつける施設を各牧場に造って駆除した。その駆除施設が今もあちらこちらの牧場に、残っている。

いま、畜牛は軌道にのりつつある。珊瑚礁の、塩分を含んだ牧草で育った牛は肉質が良く、県内外に好評で、セリの際はバイヤー（買い付けの人）の来島が途切れることがない。出荷しながらも、増やし続けることができるようになった。宮良さんは、話し終えた後、ぜひ自分の牧場を見てほしいと案内してくれた。宮良さんがエサ場に入ると、その姿だけでわかったのか、はるか遠くで草を食んでいたのもかけつけて、あっという間に何十頭もの牛がひしめきあい、圧巻であった。はじめて見る光景である。

島を離れる時間がきて、港へ向かう途中、黒島小・中学校の近くに「水道記念碑」が建っているのを見つけた。西表島からの引水がこの島を生まれ変わらせた画期的な事業であったことをあらためて実感する。

十七時十分、最終の船に乗りこむ。女子高生たちは姿を見せなかった。彼女たちも今頃、筆者がそうであったように、黒島ではるか昔から牧場があって、牛が飼われていたと誤解しながら自転車で牧場の島を回っているのだろうか。

川平へ

石垣島は全島一市である。つまり石垣島はどこへ行っても、そこは石垣市なのである。だが、島中が市街地というわけではない。港や空港のある南の端が街となっていて、登野城・石垣・新川・大川の四カ字で都市部を形成している。この「四カ字」を略して「シカ」と呼ぶ。「シカ」は「街」の代名詞となっている。だから、石垣では田舎から街に行くことを、「シカに行く」と言う。「アザ」が「ムラ」と呼ばれていたその昔から「シカムラ」という言葉があったようだ。

これらの四カ字に、今では美崎・浜崎・新栄といった、埋め立てで新しく誕生した「町」が加わる。さらに最近新たな埋め立て地に八島町ができつつある。

「シカ」の反対側、石垣島の北部地域を人々は「裏石垣」と呼ぶ。

川平は、その「裏石垣」の半島状に突き出た地に集落を形成している。「シカ」からは島を半周してたどりつく。

十月七日。二年ぶりに尋ねる川平はどんよりと暗く、道路は雨で濡れている。川平がもっとも川平らしくない天候時の訪問となってしまった。

川平は有名な観光地である。めずらしい黒真珠とともに、それをはぐくむ美しい川平湾。岩礁が湾の入り口を塞ぎ、「通路」が極端に狭くなっているために、干満の潮はモウレツな速さで流れこみ、そして流れ出る。雨天時に湾内に入りこむ赤土などの汚れを、この速い流れが広い外海へ持ち去り、湾は常に澄み切った海水で満たされる。そのことが黒真珠を育てる黒蝶貝の養殖を可能にしている。

対岸の石垣島一周道路から群青の水面の向こう、これまた鮮やかな緑の中に点在する家々の姿を見ていると、なぜか、まだ訪ねたこともない南仏の別荘地を思い浮かべる。絶景である。だが、今日はいささか様相を異にしている。垂れこめた雨雲が川平のすばらしさを、すっかり覆い隠している。ガイドブックの案内に誘われて期待に胸膨らませて大阪からやって来たというヤングギャルのグループは休業しているグラスボートの前で所在なげに座り込んでいる。「日本晴れの時に再挑戦だね」と声をかけると「そうなんです」と顔を曇らせる。

今日の行動は、まず「古い川平」の探訪である。車で乗りつけ、川平湾をみて感動して（あるいはがっかりして）去っていく観光客が多い。しかし、川平は「黒真珠と美しい海」を誇る観光地というだけでなく、古い、伝統ある集落でもある。

ムリブシ・ウタキ＝ユブシ・オン

ウタキ。国立国語研究所の編による『沖縄語辞典』では御岳、沖縄タイムス社の『沖縄大百科事典』では御嶽となっている。神を祀った聖地であり、ムラの神祭りは、このウタキを中心に展開される。八重山ではオンと呼称する。

八重山はウタキどころである。例えばウタキの数は宮古二九に対して八重山は七六と断然多い（『沖縄大百科事典』より）。

集落北西の底地ビーチまでは約一キロ。途中、道が上りにさしかかったところに「川平貝塚」の標識が建っている。標識を巻き込むように右へ折れて、さらに行くとゆるやかに上りつめた所にムリブシ（群星）・ウタキ＝ユブス・オンがある。川平集落の四つのウタキの中でももっとも上位のウタキ、言わば大将ウタキである。川平発祥の地といわれている。境内が広いせいか意外と明るい。上ってきた道をふりかえると、川平の集落が眼下に見下ろされ、その向こうに海面が望まれ、さらに遠くには曇空の下、黒い山々が左右に広がる。ウタキの場所はかなりの高台になっている。

かつて八重山のいくつもの集落がマラリアで全滅したが、川平は生き残った。全滅した集落は、いずれも盆地であり湿地帯であった。蚊を媒介とするマラリアが発生すると湿地帯の集落は、ひとたまりもなかった。川平は排水が良かったから助かったと集落の古老は語る。川平の集落はこのムリブシ・ウタキの周辺にあったが、次第に海岸寄りに移動したのだという。鳥居の前に立って集落を見下ろすと、たしかにここは蚊は発生しそうもない台地であることがよくわかる。

生きている「氏子制度」

この島で勤務していた時、ウタキについて簡単な「調査」をしたことがある。島外の者は除外して、地元八重山の同僚だけを対象に、それぞれの家がどのウタキに所属しているか問うた。各字に数カ所のウタキがあるが、「シカ」=登野城など市街地に住む回答者は例外なく「そのようなことは決まっていない」と答えた。一方、市街地を離れた集落の住人である回答者は、逆にこれまた例外なく特定のウタキの名をあげた。川平に住むNさんも明確にムリブシウタキの名をあげた。都市部では、すでに崩れてしまっているウタキの「氏子制度」が、ここでは、まだ厳然と生きている。

川平にはムリブシウタキのほかに「貝塚」の向かいにヤマカワウタキ、上村と下村を分ける道路のロータリーの角で背高なテリハボクの木々に包まれているミヤトリウタキ、そして海岸には川平湾を眼前に鎮座するハマサキウタキがある。

それぞれのウタキには氏子代表といえる家＝「トゥニヤー」が所属しており、各戸は特定の「トゥニヤー」に所属する。ユーニガイ（世願い）に始まりキツガン（結願）に終わる神願いの儀礼は、年間二十回を超える。その中のいくつもの行事が「トゥニヤー」の単位で実施される。各家が自らの所属する「トゥニヤー」に集まり、氏子が一同に会する。当然それぞれのウタキへのお参りは欠かさない。

なるほど自分の家が所属するのが、どのウタキなのか皆明確に自覚するはずである。ムリブシ・ウタキの場合「トゥニヤー」が二家あり、それぞれの氏子はどちらかの「トゥニヤー」を通してウタキに所属する。

四つのウタキの鳥居わきに建てられている「無許可立入禁止」の札は、川平公民館長と、それぞれ○○ウタキ氏子一同と連名になっている。氏子制度が今も生きている。

ヒデオ君

都市部では遠ざかりつつある神々の足音を、川平ではまだしっかりと聞き取ることができる。神々が息づくこの川平で、子どもたちは日々をどう生きているのだろうか――。川平中学校の生徒たちとの話し合いが、今日のもう一つの計画である。

同僚の子息ヒデオ君は元気いっぱいな小学生であった。職場のレクリエーションにはヒデオ君もよく参加した。ソフトボール大会ではバットがなかなかボールにあたらない、腹の出っぱったおじさんたちを尻目に軽々とヒットをとばしていた。山登りもよくやった。ヌスクマーペー（野底岳）で、ヒデオ君は二十分もたたないうちに山頂に達していた。全員がそろうまで四十分を超えた。

沖縄一高い於茂登（おもと）岳を登ったときも、ヒデオ君は他を大きく引き離し、ひとり頂上で待っていた。そのヒデオ君が、学友と組んでテニスの小学生大会へ出場し、八重山代表となった。八重山だけでなく、沖縄全県を制覇し、全国大会へ出場した。北海道で開催された全国大会でも何勝かして上位にくいこんだ。

スゴイことだ！　と思った。ヒデオ君は川平小学校六年生であった。併設の川平小・中学校は全校生徒が百人に満たない小規模校である。小学生だけだと五十人ほどだ。五十人の代表であるヒデオ君たちが、全国制覇一歩手前まで勝ち進んだのである。

この子どもたちは、どんな学校生活を送っているのだろうか。機会があれば訪ねて、話してみたいと考えた。ウタキ回りとともに、子どもたちとの交流が川平訪問のもう一つの目的であった。

元気な「テニス少年」たち

川平小・中学校は、集落の入り口にあり、川平を訪れる者は、必ず学校前の大通りを行き来することになる。校門が大きく、どっしりと構えていて、「ミニ校」には見えない。

体育館のすぐ裏には、前嵩（岳）が屏風のようにそそり立つ。これもまたヒデオ君の先導で登った山で、山頂からは、眼下に川平の家並みが箱庭のように見えた。

前もって頼んでいたので、生徒たちは時折雨の落ちる悪天候にもかかわらず皆集まってくれていた。テニス部員の諸君だ。校庭の中心にある二つのテニスコートで威勢よく掛け声をかけながらラケットを動かしていた。

コートを離れている、ひとりの生徒に話しかけると、たちまち四～五人の男の子たちが集まってきた。

「どうして川平は、そんなにテニスが強いんだ？」いきなり質問する。練習を終えて一・二年生と交代しているという中学三年生。「自主練習が豊富だから」と断言する者がいる。「いや、自主練習は石中（石垣中学）や二中（石垣第二中学）とかわらない。指導者が優れているからだ！」と他の生徒が大声で「反論」する。運動場の片隅は、たちまち討論会場と化す。練習に余念のない一・二年生はこの討論へ参加しようともせずにラケットを持つ手をゆるめない。

八重山で五連覇。勝利の道をまっしぐらに進んでいることを誇らしげに報告している。千人近くもいる街の中学校が歯がたたない。「石中などに勝った時はどんな気持ちだ?」と、これは誘導尋問。「やった! という気持ちですよ」と拳をつきあげる。積極的で実に堂々としている。ひっこみ思案で、はっきりしない、という田舎の子どもについてのイメージが霧消する。

テニス指導の先生が転勤する時は、同じような優秀な指導者である先生が新たに赴任してくるという。きっと行政の方で配慮しているのだろう。「どうしてそうなるのかな?」「実績があるから!」——言葉によどみがない。

今年もまた沖縄代表の一員として全国大会に出場した五年生・六年生のペアが個人戦で上位入賞を果たしている。

中学生のテニスを見て、小学生も早くからラケットを握る。中学の指導教師は小学生もいっしょに面倒をみることになる。小・中一貫指導―強さの秘密はここにもある。

「専門」であるテニス以外に卓球もやるし、陸上大会では、生徒数が少ないので、部活動をやっていない少数の生徒も含めて、それこそ全員が選手として出場せざるをえない。すべての生徒が主人公である。豊年祭など「村祭り」では太鼓をたたいたり、棒術を披露したりと大人に交じって活躍する。祭りが近づくと、連日訓練が続く。

ところで、中学生は何人いるんだ？　と尋ねると、三年生十二人、二年生八人、一年生十四人と、すらすら答える。小学校六年生は？　と言うと、この中学三年生たちは、とたんにはぎれが悪くなる。〇〇人だ、いや△△人と、かまびすしい。はっきりしないじゃないか！　と言うと、その中のひとりが急に駆け出して、すぐ近くの教室をのぞいたかと思うと一、二…と席の数を数えだした。走って戻ると、「八人」と大声で報告する。「五年生は？」。また走り出して、その隣の教室の席を数え出す。一年生まで全部確かめてと注文を出すと、続く教室を次々とのぞく。

五年生　十二人
四年生　十人
三年生　十一人
二年生　四人
一年生　八人

小・中校で、総勢八七人の学校である。

川平は過疎にはならず、人口は一定の水準を保っているという。有名な観光地として、人々の訪問が絶えないこと、あるいは、道路状況の好転で市街地への通勤が十分可能になったことなどがその理由として考えられる。

「いつでも泳げて、山にも登れる」「やはり、こちらの方がいい」「豊年祭にも出ることができる」と、都市地域の石垣中学校から転校してきたというA君は言う。
『シカ』の豊年祭にも中学生が出ていたゾ！」と指摘すると、「石中では出られるのは一部だけだ！」と即座に「反論」が返る。「勉強もしなければならないし、君たちは年中忙しいんだ！」と感心する。「そうだ！　そうだ！」と、子どもたちは皆うなずきあって大声で笑う。

色彩豊かな日々をおくる子どもたち

集落の祭祀儀礼の行事にも、住民のひとりとして参加する中学生たち。地域の中に、しっかりと根づいた生活である。来る日も来る日も学習塾通いで、青春を単一色に塗りつぶしている都会の子どもたちの、貧弱な日常に比べると、彼等はまた何とぶ厚い、色彩豊かな日々を積み重ねていることだろう。

礼を述べ、帰り支度をしていると、それまでコートから離れようとしなかった、中学二年生になったヒデオ君が、駆け寄って来て「サヨナラ！」と元気よく声をかけた。

明日は皆で石垣市民運動会へ行くのだとはりきっているテニス少年らに別れを告げ、学校を後にする。相変わらず黒雲に覆われて、ぬれそぼる川平の集落だが、私の気持ちはスカッと晴れ渡っていた。

石垣島・川平湾

黒島の牧場

中心はいくつもある

同心円の日本

二十代最後の年の一年間を東京で過ごした。研修生活である。北は北海道から、南は沖縄まで全国から集まった若い研修生をまえにして、某講師が「沖縄ですか。文化果つる、はるか遠方より、はるばる来られたんですね」と感心してのたもうた。遠来のわれわれを心から慰労しての発言なのか、はたまた「非文化的」な南方の民を揶揄したのか、師の心の内は定かでなかった。

ただ、今になって思えば、この講師の頭の中には東京を中心とした（加えて言うならば東京の丸の内線の内側、さらにたどればそのまた中心の緑濃き一点へ行き着くのだろうが）一つの同心円として日本が存在し、中心から離れるに従って文化程度が低くなり、我が沖縄などははるか文化果つる辺境の地としてイメージしていたのだろう。

中心はいくつもある。――このことを気付かせ、その意義を理解させてくれたきっかけは二カ年間の八重山生活であったのだが、最近強烈な共感をもって読んだ県紙掲載の小論も、この「同心円」の社会観を鋭く批判していた。その筆者は、やはり八重山出身の方であった。

単なる偶然ではなく、必然がなせる重なりだろうと痛感している。八重山という地は、ひとにそのことをよく気付かせる場であり、空間ではないだろうかと思うのである。

人間のつくる社会は一つの同心円として形成されているのではなく、無数の中心があって、円がさまざまに重なり隣あって豊かな「全体」を形成している。このことは、だれもがすぐに理解できることのようだが、簡単なことではない。

去る五月十一日の琉球新報紙上で、八重山出身だという大山伸子氏（県立芸大、キリ短大講師）は、興味深い視点で同紙の批評を展開している。中でも、もっとも共感を覚えたのが「地上には『中心』が数々ある」という指摘であった。

氏は、「『沖縄の県民は県紙にマインドコントロールされている』という国会議員を始めとする批判は、……中央絶対主義しか頭にない非民主的な発想にほかならない」と指摘し、「地上には『中心』が数々あることを、彼等は知らなければならない」と論断する。然り！　である。

国土のわずか〇・六％しかない沖縄に、全国の七五％もの米軍基地を五十年間にわたって押しつけられてきた、われわれ沖縄県民をさらに二重、三重に憲法の枠外へ放り出すことになる「米軍用地特措法『改正』」が八～九割の国会議員の賛同で成立したニュースに接した時、私はテレビに向かって「何て国だこの国は!」「醜い日本人!」という言葉を発していた。

賛成を表明した彼等の頭の中、心の中にもまた単一の同心円の日本があった。中心部分の「公益」のために「辺境」に生きる者たちは、どのような犠牲も甘んじて受けるべきである—と彼らは確信している。

かつて八重山毎日新聞が紙面批評を募集したことがある。その第一号の掲載文で、地元の方らしい投書者から、「おそらく中央(東京)との比較で、あれこれと非難する原稿の応募があるだろう」との「予言」がなされた。面白かったのは、予言どおりの応募原稿が掲載されたことであった。その文章は、「小学校に入学した児童の名前をいちいち紙面に掲載することは東京などでは考えられないことだ!」と憤慨していた。「僻地」にとばされてうつうつとしているのであろう投書者の日常がうかがえて笑った。

「丸の内線(いやに丸の内にこだわるのだが…)の内側に心を置いてきた者には八重山は理解できないだろう」というようなことを指摘した私の原稿も採用された。憤慨した投書者の頭の中にある「日本」も、やはり「同心円の日本」であろう。「中心」の視点で「辺境」を笑っている。

「八重山円」そして「与那国円」

以前、八重山毎日新聞でも書いたことであるが、もし日本のあらゆる地域、日本の隅々で東京弁が話されていたとするならば、この国は何と薄っぺらな国であろうか。優雅な京都文化が日本中を席巻しているとするならば、そんなのっぺらぼうな国は他にないであろう。

薄っぺらでなく、のっぺらぼうでもない、豊饒な日本たるにはこのような状況とは対局にあることが不可欠である。東京弁がもっとも価値ある言葉であるという考えを捨て、「京都文化」へ近づこうなどと思わずに、「文化果つる」地の文化もまた、価値あることを理解せねばならない。

「お客さん、オキナワから来たんですか?」「オキナワも今日は雨ですかね?」——石垣空港から乗ったタクシーの運転手はしきりに「オキナワ」「オキナワ」を口にする。宮古でも同じであった。「オキナワの人でしょう?」——平良市でスナックのママに幾度も聞かれた。「ナヌ! ここはオキナワではないのか?」と私などは思うのである。宮古も八重山も沖縄ではないのか! と。

「東からあがりゆるお月さま　うきなーんえーまん　てらしょうり」(東から上がるお月さま沖縄も八重山も同じようにあかあかと照らして下さい)

私の親しい友人は三味線片手にろうろうと謡いあげる。またしても「沖縄」だ。ここは沖縄ではないのか?

この違和感が払拭されるまで二カ年近くを要した。違和感を感じる私自身は、那覇を中心とした同心円として沖縄を理解していたのである。

東京を中心とした同心円として日本を理解している「中央人間」と、その思考パターンは何ら変わらない。日本か沖縄かの相違だけである。中心が東京か那覇かの違いだけである。

当初、なぜ宮古や八重山の人達は「オキナワ」と言うのだろうか、と疑問に思い続けていた。宮古も八重山も沖縄ではないか! と。那覇を中心とした同心円の中に八重山や宮古を位置付けない当地の人達はおかしい、と那覇の人間の視点で違和感を抱き続けていたのである。

ここにもまた別の中心があり、「ここの円」があることを理解するのに多くの時間を要した。後になって私自身「日本」を相対化できてきたように思うのだが、八重山生活を始めた頃は「沖縄」という言葉が、われわれ沖縄島やそのすぐ近くの島々の者と宮古・八重山の人間とでは異なる意味合いで使用されていることが不思議であった。

宮古もそうでもあるように、八重山でも八重山の円があって、沖縄はその円の中心からは、かなり離れた位置にある存在なのだ。

宮古でも八重山でも沖縄を相対化する視点が人々の間にしっかりと定着しているのである。つまり、那覇を中心とした円の中で、その中心から離れたところに自らを位置付けることなどせずに、八重山自身を中心とした円として自らを感じ、理解し、生きてきたのだ。遠い沖縄島などは、その中心から離れた円の外周にある「オキナワ」でしかなかった。

このことがわかった後一つの仮説をたてた。与那国では、石垣島へ行くことを「八重山へ行く」という言い方をするのではないか、というもの。知人を通して確認すると、答えは「年寄りは方言で『八重山へ行く』と言う。若者たちは共通語でちゃんと『石垣へ行く』という言い方をする」というものであった。

航空機等交通手段の発達などで生活圏・経済圏が広がったことにより崩れつつあるものの、与那国の人々にとっては与那国を包み込む円が存在していて、石垣島などは、その外周に存ったことを物語っている。自らもその一部とする八重山の観念はない。八重山は遠く、訪ねる先、自らを中心とする円の外周に位置する存在であったのだ。

与那国にもまた「与那国円」があった。

「『ナーファ』に行く」

私の関心は広がった。沖縄の島々では、どのような「円」で自らの世界が自覚されているのだろうか。私の生まれ育った久米島では、沖縄島のことを総じて「ナーファ」と呼んだ。浦添も読谷も「ナーファ」（那覇）なのである。その他の島ではどうだろうか。

伊平屋島。沖縄島からの距離は久米島よりは少し近い。宿泊した民宿のおかみさんの話。彼女は沖縄島中部の具志川市から嫁いできた、時々実家へ帰る。近所の奥さん連は、彼女の実家が具志川市であることをよく承知しているのだが、「またナーファかいな？」（また那覇へ行くの？）と話しかけるという。久米島と同じである。

沖縄南部であろうが、中部であろうが、そこは「那覇」なのである。どのような言い方をするかということは（沖縄島までの）距離が関係しているのだろうか。似たような距離にある久米島と伊平屋。宮古・八重山と久米島などのこの相違が遠近によるとするならば、沖縄島からもっとも近い座間味島などでは、例えば浦添と那覇は明確に区別した言い方をするのだろうか。

疑問を解くべく、去る夏訪れた際、店番の奥さんに聞いてみた。だが、ここでも久米島などと同じように沖縄島へ渡る際に浦添であろうが、国頭であろうが同じように「ナーハに行く」といった言い方をするという。

島々で、沖縄島全体を「ナーファ」と呼ぶ原因については、一つの説がある。他の島々から沖縄島へ渡るには、必ず那覇の港に降りたたねばならない。中頭へ行くにも国頭へ行くにも、まず那覇の港からだ。そのために沖縄島へ行くことはおしなべて「ナーファ」へ行くということになる。——という説。

しかし、同じように那覇の港へ入ったであろう八重山や宮古では「ナーハへ行く」とは言わない。「オキナワへ行く」である。

「円」の違いであろう。どのような円を描くか、どのような円の中に自らを位置付けるかということであろう。「オキナワ」という言い方によって沖縄島を相対化して自らと対置しようとしない久米島、伊平屋島、座間味島などでは沖縄島（あるいは那覇）を中心とする円の中に自らの存在を自覚している。八重山や宮古では円の中心は八重山自身、宮古自身であり、沖縄島は中心から離れた存在として位置付けられる。島の大きさや遠近の状況、そして文化とか、あれとか、これとかが要因となって、さまざまな「円」が形成される。

このことを悟ったとき、すでに残ってないと思っていた目のウロコがまた三枚も四枚も落ちた。那覇を中心とする沖縄「円」を認識していた自らの常識が、結局は、東京を中心とした日本「円」をイメージして、沖縄を文化果つる地とのたもうた研修所の講師と同じ目線であったことを、八重山を歩き回って「悟った」のである。このことに気づいた以後、私は「本島」「沖縄本島」といった言葉を使うことができなくなった。これらの言葉には「同一円の沖縄」の発想があり、沖縄島中心を前提としている。「先島」という言葉もまた、沖縄島からはるか離れた島という意味あいを含んでいて、やはり「本島」中心の同心円に宮古・八重山を組み込む発想が見え隠れしている。

この「悟り」を実感した後、意識の表に登場したのが奄美大島であった。関心もなく訪れたこともない、私の中では日本「円」と沖縄「円」のはざまで視野にも入らなかった奄美大島のことが妙に気になり出した。奄美ではどのような「円」が描かれているのだろうか？　いてもたってもおられない気持ちででかけたのは、八重山生活二年目の正月休暇であった。

奄美の旅は、遅かりし「琉球弧」への目覚め、島尾敏雄の「ヤポネシア論」との出会いとなった。奄美の旅が、私の、島を訪ねて歩く道楽を、恐らく一生の楽しみとして決定づけた。

初めての島に足を踏み入れるとき、いい知れぬ充実感を覚える。

この島にはどのような「円」があるのだろうか。島の住民の心の中にどのような「円」が描かれているのか。隣の島や「親島」とはどのような関係を自覚しているのか。「円」は島で完結しているのか否か。島についての興味は尽きない。

地上には中心は数々ある――島めぐりをしていると、このことが観念ではなく、人々の具体的な日々のなりわいから感じ取ることができる。文化果つる地、辺境などという場所はどこにもない。事故、事件、被害続出の軍事基地を中央のために置いてもよい地方などどこにもない。

放射能をばらまく原発を▽▽村へならば造ってもよいということは絶対にない！

こちらには、こちらの円があり、その円の中心がこちらにもある。

地上は一つの同心円で成り立っている――この神話を私の中でこなごなにしてくれたのは八重

山生活の経験であった。

大山氏の琉球新報紙面評には、以下のエピソードが紹介されていた。

「郷里八重山の新聞を東京で読んでいる兄の、そのお嫁さん（ヤマトゥンチュである）が、紙面構成をみるなり『まあ、八重山が世界の中心みたい！』といたずらっぽく笑っていた」

「二つの沖縄」そして、「二つの日本」

「二つの沖縄」

宮古空港の搭乗ゲートの案内に、「東京」などと並んで「沖縄」の表示がある。〇〇便沖縄行きは、間もなく搭乗案内を致します――とアナウンス。案内板は、「沖縄」の後に「那覇」の文字をかっこに入れて付け足している。

石垣でも同じであったが、空港へ向かうタクシーの運転手は「お客さん、沖縄へ帰るんですか」と、話しかける。

那覇に住んでいる、この島の出身である私の友人は、「沖縄に来て、もう三十年余りになる」と述懐する。

宮古や八重山の人々が「沖縄・オキナワ」と、ごく普通に口にするのを聞いていると、われわれ沖縄島及びその周辺の島の者は総じて強い違和感を覚える。はて、ここ（宮古あるいは八重山）は沖縄ではないのだろうか、と首をかしげたくなるのである。

会話の中で聞こえるだけでなく、空港の案内板に明確に「沖縄」の表示があると聞いて、まだ宮古・八重山には行ったことがない（これはまた驚くべき事実だと私は思うのだが）という五十歳になった私の友人は、「宮古空港の看板を見るツアー」を組もうかと、冗談とも本気とも思えるような表情で不思議がる。

宮古・八重山の人々は、沖縄の人間として自らを認識することはないのだろうか。二カ年の八重山生活で、私自身は、このことの持つ意味を理解することができたように思う。

沖縄周辺の離島では、ほとんど例外なく沖縄島（いわゆる沖縄島）へ行く際に「那覇へ行く」という言い方をする。浦添市でも、中部の石川市へ行く場合でも「那覇へ行く」のである。宮古・八重山の「沖縄へ行く」とは、対照的な言語習慣といえよう。

「那覇へ行く」という言い方には、中心地＝都市部へ行くというニュアンスがある。同じ意味合いのことを八重山では「『シカ』へ行く」と言い、宮古で「ピサラ」へ行くと言う。

「那覇へ行く」という言い方をする所では沖縄島、あるいは那覇市を中心とした世界の中に自らを位置づけている。恐らく中心から離れた端の方に。

「沖縄へ行く」という言い方は、沖縄を対置しているのだ。対置するということは、こちら側には自分がいることを意味する。自らのいる場所が中心として認識されている。主体を明確に自覚する認識構造といえよう。

沖縄島周辺の離島では、全体の一部として自らの存在を意識している。それに比して宮古・八重山では沖縄と同じように宮古・八重山も別の「全体」であると意識しているのだ。

だが、このような宮古・八重山びとが、例えば東京・大阪などで「おくにはどちらで?」と尋ねられると、いきなり「宮古です」と答えることはないだろう。「沖縄です」と答えるだろう。ここでは自らを沖縄の一員として自覚する。

「外」に対しては自らも含めて「沖縄」をひとくくりにして考えるが、「内」では「沖縄島」とその周辺離島を「沖縄」と呼んで対置する。こちらには宮古があるんだ——と主体を自覚し、沖縄島を相対化する。

宮古びと、八重山びとの心の中には「二つの沖縄」がある。この主体性を思ったとき、私は、二十代ですでに結論を出していたはずの「日本の中の沖縄」について改めて考え始めていた。沖縄とヤマトの関係の中に自らの主体をどう位置づけるかという、自分自身の問題に正面から向き合っていた。先に結論を述べるならば、私たち沖縄びとが主体性を確立するには、心の中に「二つの日本」を住まわせることが不可欠である。宮古・八重山の人々が「二つの沖縄」を住まわせているように。

「日本」を絶対視して全体の中に自らを埋没させることなく、「日本」を相対化し、沖縄と対置する目を心の中に持つことが極めて重要である。

「二つの日本」

「俺達も同じ日本人だ！」と、かつてヤマトの人々に向かって声高に叫んでいた。それは、そのとおりではあるし、また、ひとり沖縄だけアメリカの占領状態を許している日本の政府に対する当然の主張でもあった。だが、今にして思えば「同じ日本人だ」「どこがちがうのだ」と主張していた時は、私（たち）はすっかり心のしなやかさを失っていたように思う。ヤマトビトの、ごくささいな無理解に腹を立て、シーサーのような自分の顔つきを気にし、銭湯では身体を覆う体毛を恥ずかしく思った。「お前はそれでもニッポンジンか！」と、ののしられておどおどする二等兵の心で生きていたように思う。ヤマトゥンチュに劣っていない自分を常に確認しないと不安を覚える。

「宮古・八重山の主体性」に気づいた時、そのことがヤマトに対して全く主体性を喪失している自分自身の姿を照らし出すことになった。「本土」「内地」という呼び方は、いずれも自らを辺境の地に位置づけ、そこから中心を仰ぎ見る認識で日本を見ていることを示している。自らを部分として全体の中に押し込めるのではなく、こちらもまた別の全体なのだ——ということに思い至ると、ごつごつした顔も、すさまじい体毛も一つの個性として重要な意義をもつ、と心底思えるようになった。ヤマトとは異なる沖縄の特徴、沖縄の独自性を強調することは重要な意義のあることであって、けっしてその逆ではない。ヤマトと同じでないことを憂うのはやめよう。

かつてヤマトびととの相違点を発見することは苦痛であったが、今、求めてそのための文献渉猟などを続けている。沖縄「独立論」などという短絡的なユートピア論に飛びつく気はさらさらないが、われわれ沖縄びとが日本の社会の中のマイノリティーであるならば、そうであればこそなお、その存在は貴重である。多数派に埋没することなく、独自の存在を大切にしたい。

「本土」「内地」という呼称はやめにしたい。だが、「日本に帰るんですか」とは、さすがに言い難い。対置した言い方としてあとは「ヤマト」がある。この呼称は、あなた方はヤマト、私たちはウチナーという意味合いを含む。こちらの主体性を確保できる。

外国で「ユー、ジャパニーズ?」と聞かれると、やはり「イエス」と答える。「ヤマト」と「ジャパン」。この「二つの日本」を心の中に持っていたい。

島々への旅

北大東島の旅

放れ駒

大東島は「放れ駒」だ。奄美・沖縄・宮古・八重山と、弓なりに続く南西諸島＝琉球弧。大東島はその連なりから放れて、はるか遠方に位置する。群から遠ざかりひとり草を食む「放れ駒」。琉球弧の島々とはどこか違う――という印象は、このような地理的位相だけが原因ではない。人が住むようになってからつい最近（戦後～昭和三十九年）に至るまで、この島はいわば「ヤマト直営」の社会が続いてきた。沖縄の他の島々では見られない「ヤマト風」の文化が今も生き続けている。

御嶽ならぬ三つの神社を中心に年間の神事が催される。島にはユタも司もいない。いなせなハッピ姿の若い衆に担がれた御輿（みこし）が集落を練り歩く。八丈太鼓が鳴り響き、独特の簡素な墓が並ぶ。

人跡未踏のこの島へ人間が足を踏み入れてまだ百年にもならないという島の起源。人間が住みつくようになった当初から一私企業の直営で治外法権地域を形成し、公権力の及ばない太平洋の孤島で人々は奴隷状態で生きることを余儀なくされる。その住民が自らの運動で鎖を絶ち切り「人間回復」を実現したという歴史もまた他の島々にはない特異な道程だ。

断崖・絶壁の島

北大東島。那覇の東方三六〇キロメートル。DHC―6型、十四人乗りの頼りなげな飛行機は一時間半も飛び続けてやっと着陸した。九六年三月二日。「もっと大きな航空機を」「ジェットなら三十分では着くだろうに」――という思いと同時に、八丈島を出発して延々一カ月間の航海で沖縄島にたどり着き、さらに島尻馬天港から数度の挑戦でようやく南大東島上陸を果たした先達の苦闘が頭をよぎる。

中学の教師をしている友人が那覇へ出張していて留守の間車を借りる。空港へ駐車されている車の鍵は那覇で受け取った。案内してくれるはずの、友人の子供たちの姿が見えない。西も東もわからぬまま車を走らせる。小さな島だ。走っているうちに全体像が見えてくるだろう。いつものように、初めての地に足を踏み入れる快い緊張感が身を包む。これからの出会いに期待が膨らむ。ところが、行けどもいけども学校などの建物は現れない。とうとう一周してしまう。

開拓の島らしく、点在する民家が時おり姿を見せる。だが、公共建築物らしいものが見当たらない。二周するわけにもいかず、ふと島の内側へと続く脇道へ入る。上り坂をわずか三十メートルほど進むと、道はすぐに下りとなり右に曲線を描いて突っ込んでいく。すると目の前に明らかに学校と思える建物が現れ、その後方に家々が姿を見せる。島の中心地である。何とも奇妙だ。好きでずいぶん島を旅した。多くの島は中心部が高台になっていて、海に近づくほどスロープを描いて低くなる。平らな陸地だけの島もあり、形状はさまざまだが基本的に島は皿、あるいは椀を伏せた形である。ところがこの島は、逆に椀を立てたように内の方が低い盆地をなしている。「長幕（ながはぐ）」と呼ばれている断崖が島の中心部を取り囲む。その「長幕」を越えて下って行くのである。

島には砂浜が無い。海岸もまた高い絶壁が支配し、船を寄せつけない。船ははるか沖に停泊し、小さな「はしけ」で島へ近づく。高い岸壁の上にウィンチが取りつけられ人も荷物もこれで吊り上げる。——写真で見るかつての代表的な大東風景である。

島には西・江崎・北と三つの港がある。風向きを考えて時節で使い分ける。

西港。現代の機械力を駆使して堅い岩が海面近くまで掘り下げられ広い、りっぱな埠頭が造られている。しかし、青い海原が広がるはずの埠頭の前面は、何と、削り残された十数メートルの岸壁が立ちふさがる。

「これは砕いて除去するんですか？」

工事に精を出している作業員に尋ねると、目を丸くしているこちらを見て、おもしろそうに笑ってうなずいている。

江崎港。こちらの埠頭の前には岩もなく確かに目の前に大洋がどこまでも広がり、水平線上に隣の南大東島が横一文字の姿を見せる。結構大きな貨物船が荷揚げをしている。だがよく見ると船は接岸してなく、何メートルか離して錨を降ろしている。激しく寄せては返す波に船体は大きく揺れる。近づきすぎると埠頭にたたきつけられる。

固定式のウィンチに替わって登場したクレーン車が陸上から注意深く船荷を運び上げている。大洋の真っ只中の孤島は、今も牙をむく怒濤と格闘している。

仮の宿

周囲十四キロ、東西五キロ、南北三キロメートルのこの島は、すみずみまで耕作し尽くされ、舗装された道路が縦横に走る。土地カンができればドライブは快適だ。

「墓地公園」はすぐ見つかった。七百～八百平方メートルはあろうか。ブロック塀に囲まれた長方形の広場は緑の芝生が敷きつめられ、同じサイズの墓が整然と並ぶ。しかし、それは墓と呼ぶにはあまりにも簡素な造りだ。コンクリート製の小さな棺が並べて置かれているといった感じである。骨壺を収めるという、必要な機能以外を一切省略した、文字通り必要最小限の「器」である。「オキナワとヤマトのマンチャー（ごちゃまぜ）ではないでしょうか」と島のご婦人は墓について語っていた。しかし、亀甲墓に似るところはみじんも無く、ヤマト墓の、あの墓標もない。

「ここは村立の墓地で、各戸に分譲をはじめたばかりなんです」。清掃に余念のない役場職員は質問に答える。囲いの外にも墓がいくつかあった。やはり、同じ簡素な造りで、藪の中にひっそりと置かれている。重厚な門中墓を見慣れている者としては何とも理解しがたい。

「島を出るときに骨を持ち帰ろうと考えたのですヨ」―疑問を解いたのは役場の方の言葉であった。この島は稼ぎに来る島であって、永住の地ではなかったのだ。家族が死亡しても、その骨はいずれは故郷にウンチケー（御供）するもので、島では仮安置しているにすぎない。仮の墓は必要最小限の機能を果たせば良い。年月を経て、この仮安置の墓が島の墓の独特なありようとして定着したのではないだろうか。

墓から思いついた「仮説」がズバリ的中した。沖縄各地から稼ぎに来た島の人たちはきっと二代目三代目になっても、本籍は出身地に残したままになっているだろうと推測したのである。入手した資料で確認すると五百十九人の住民（平成七年六月三十日現在）の中で島に本籍を有する者は二百四十五人と半数に満たない。過半数は県内外の各地に及んでいる。

農作業に汗を流している初老の男性は、戸籍謄本一つ取るにも出身地まで行かねばならずたいへんだった、と述懐する。そして、今も盆やシーミー（清明祭＝法事）など年に二回は帰っていると語る。

多くの島人にとってここは「仮の宿」であったのだ。

人間回復

沖縄県の募集に応じて最初に入植に成功したのは、伊豆諸島のはるか南に浮かぶ小さな島、八丈島の人々であった。玉置半右衛門率いる二三人の開拓団が南大東島上陸を果たしたのは明治三三年一月二三日のことであった。「北」への上陸は三年後の明治三六年。以後大東島では「玉置商会」を頂点とするヒエラルヒー構造の社会が確立する。後に県内各地から入植した人々はその最下層で甘藷作りや製糖、あるいはリン鉱採掘の労働力として奴隷状態の生活を強いられる。学校、売店、医療施設などは「商会」直営。村会の議員も「商会」が発令した。大正五年、島の経営は「玉置商会」から「東洋精糖」に移り、さらに昭和になって「大日本製糖」へと引き継がれる。奴隷状態の島民と共に。

島へ入るには会社の許可が必要で、出るのも自由ではなかった。進学のため島を出ることも会社は労働力減少を気にして許さなかった。

「家族の不幸ということであったのか、それとも、もう引き上げて来いということであったのかは聞き及んでいないが、那覇にいた叔父が、島を出るよう父をしきりに促したが、会社の許可が得られずにとうとう出られずじまいであった」―農機具の修理をしていた五七歳だという農夫は、遠くを見るような目をして、しみじみと話す。

逆に会社に反抗する者は強制的に島を出された。「タイトー＝退島という言葉を今でもよく覚えていますヨ」と島の識者は語る。

住民の奴隷状態は実に戦後まで続く。だが小作農民への農地払い下げ要求の運動が起こるべくして起こった。

昭和三四年、島民は土地所有権獲得期成会を結成。その後「琉球政府」「米国民政府」等への働きかけを重ね、「会社」に対する粘り強い運動が展開される。裁判も実施され、五年後の昭和三九年、ついに島民の土地所有権が認定された。

「大日本製糖」は撤退し、島の人々は、それぞれ自ら耕す農地の主人となった。人間回復であいる。今、南北大東島の農家は県内の他の地域の農家に比べて、もっとも高い所得水準を実現している。

友人の子供たちは玄関の鍵をかけないだけでなく、窓を開いていることにもまったく頓着せずに外出する。「ドロボーなんかいないから」と、この島の小学生は那覇からやってきた大人の常識を笑う。

三々五々、公園で談笑している子供たちは、どこで聞きつけたのかすぐに近寄ってきて「○○先生のお友達でしょう」と見知らぬよそものおじさんに屈託なく話しかける。

製糖工場に加えて、道路・港湾・空港拡張の工事などで大人たちも活気に満ちている。

島はもはや「仮の宿」ではない。永住の地であり、島民の故郷である。八丈開拓団の末裔である浅沼・沖山・奥山などの名字が残るが県内からの移住者とは違い、父祖の地を訪ねることはほとんどない。「もう私達はウチナーンチュですヨ」と、三代目となった当事者は笑顔を見せる。

一方「八丈」の文化も脈々と引き継がれて、今に生きる。子供たちが熱心に「八丈太鼓」の練習に励んでいる。

「南大東ではウチナーンチュも八丈アクセントになり、『北』では私たち八丈出身もヤンバル（沖縄島北部）言葉になっている」と苦笑いする、昭和四年生まれだという男性の言葉が今度の旅の宿題となった。八丈やヤンバルは、それぞれ「南」「北」で島民の多数を形成していたのではないだろうか。次の機会に「南」を訪ね、その答えをみつけよう。

南大東島の旅

ウチナーの中の「ヤマト」

「神輿（みこし）行列ばかりが続いて、琉舞など少ない」「もっと『ミチジュネー』（路上を踊りながら行進すること）なんかもやらんと！」

島の中心地「在所」のスナックのママさんは強いこだわりで声高に主張する。島の祭りのもちかたについての持論である。十八年まえに那覇から移り、今ではすっかりシマンチュ（島人）になり切っているのだが、彼女はウチナーが好きですきでたまらない。大東ももっと、もっとウチナー的にならなければ！　と考え続けている。

大東島は沖縄の他の島々とは異なり、ヤマト風の文化を色濃く残している。三つの神社。神輿行列や奉納江戸相撲。八丈太鼓に地蔵崇拝。亀甲墓ならぬ石塔墓も多く見かける。名物の「大東ずし」も江戸前のにぎりだ。

これら「ヤマト文化」が今に残っている原因は、島の開拓の祖がウチナーンチュ（沖縄人）ではなく、伊豆諸島の遠く南の八丈島の人々であったというだけにとどまらない。国や県は、沖縄島のはるか東にぽつんと浮かぶこの島に行政の手を差しのべることなく放置してきた。公権力の空白状況下で、八丈開拓団の入植以来、玉置商会─東洋製糖─大日本製糖と引きつがれ、つい最近まで一私企業の手で島の経営が続けられた。

「会社」がヤマトの大資本であるだけでなく学校・売店・病院等の社会施設は「会社」直営。教師や医者などもヤマトからやって来た。ヤマトとの交流は頻繁で月一回の船便があった。一方沖縄島への船は一年に一回。沖縄島へ便りを出す際も郵便は門司局気付け。九州経由で沖縄へ届いた。郵便局への貯金は熊本局。

時を経るにつれて往来は多くなるが、島内の状況は大きな変化も無いまま、この「ヤマト社会」が昭和の前半まで続く。沖縄島からの移住者の三代目だという食堂のご主人は「母はウチナー方言を話せなかった」と述懐する。沖縄の各地で見られた方言禁止の教育は、この「ヤマト社会」の島では、とりわけ強力にすすめられたのだろうか。あるいは逆に、その必要もないほどウチナー口は社会的に通用しなかったのかもしれない。

無人のこの島へ人々が上陸し、生活を始めた時から、つい最近、昭和三九年に島民が農地の所有権を獲得するまでの間ここは徹底した「ヤマト社会」であった。この島の「ヤマト文化」は一朝一夕でできあがったものではない。

村制度のスタートは敗戦の翌年昭和二一年。ただ、その後も農民がキビづくりと製糖のための「会社」の労働力でしかない状況に変わりはなかった。人々が自ら耕す土地の主となるまでは、それから一八年間を費やさねばならなかった。

県内からの入植者が圧倒的に多くなり、代を重ねる毎にヤマトとウチナーの境界がぼやけてきた血縁。さらにテレビなどを通じて直接「中央文化」が入り込み、ヤマトもウチナーもない世代が育ってきた現代、「大東文化」はどこへ行くのだろうか。

この独特な、ウチナーの中の「ヤマト文化」は今後も生きのびることができるのか。「ママさん」のこだわりは島を変えることになるのだろうか、はたまた全てがテレビ文化に飲み込まれるのか。

文化の価値は相対化できない。どこの文化も、それ自体が絶対的な価値をもつ。洗練された東京の文化が、土臭い沖縄の文化よりも価値が高いということはない。各地に独特な文化がさまざまに息づいている社会がのぞましい。

雅（みやび）な京文化が全国を席巻するならば、そのような日本はさぞかしつまらぬ国となろう。北は北海道礼文島から南は与那国島まで日本の全ての地域で東京弁が語られているならば何とつまらぬ日本であろう。

「多数派文化」は放置しても育つが、マイノリティの文化は当事者の努力がなければ消滅してしまう。中央の文化に飲み込まれることなく沖縄の独自文化を守り、発展させることが、私達にとって不可欠な課題であるのと同じように、独自の歴史を歩んだ大東島の独特の文化を死滅させることがないよう、これを受け継ぎ発展させることもまた極めて重要である。「ウチナー文化」一色に塗り潰すことがないよう島の人々は「大東文化」を大事にしていてほしい。

重要な大東島の気象観測

九六年五月四日。十四人乗りの飛行機は二席を余して那覇空港を飛び立った。十二人の乗客。その四分の一を占める親子連れのグループ。眼下に島影が見えてくると、母らしい初老の女性が同行の若者へビデオカメラを回すようしきりに指示している。何やら必死な表情で撮影を促す。機は、いつか乗ったウルトラプレーン（超計量飛行機）のように軽いタッチで南大東空港に着地し少ない乗客が席を立つ。「こんな遠くの島までご旅行ですか?」と撮影をせかした女性に声をかけると、去る大戦に父親がこの近くの海で戦死したと、見ず知らずの質問者に事情を語る。戦死の場所からもっとも近いのがこの島なので供養かたがた家族でやってきたという。

ヤマトや沖縄の島々から遠く離れた大洋の真っ只中に飛び地のように浮かぶこの島は、そうであるが故に重要な役割も果たしている。

この島の気象観測はわれわれ日本国民にとって極めて重要な意味をもっている。

南大東島地方気象台を訪ねた。

行革の一貫として、気象庁も例にもれず少なからぬ測候所等が廃止・統合されている。だが遙かな洋上の孤島である南大東島の気象台は「合理化」の対象にされることもなく、その機能はますます充実されつつある。地上気象観測部分と高層観測が別々の庁舎でなされていたが、最近三階建のデラックスな庁舎が完成しこの二つの業務が同一庁舎で機能的に行われることになった。気象台の他には国の機関は郵便局だけというこの島で三六人の職員を擁して絶えることなく連日観測を続けている。

とりわけ高層観測は重要だ。地上から上空まで各高度の風向・風速・気温・露点・気圧等のデータが連続的に得られ、東京の本庁へ刻々伝送される。これらのデータは全国の気象予報に欠くことのできない重要なものである。高層観測の施設は日本全国をカバーするように十八カ所に配置されている。その一つがここ大東島で活躍しているのだ。（沖縄には他に那覇・石垣と同施設がある。全国の六分の一が沖縄に集中している）。

高層観測は、毎日使い捨ての観測機器を気球で上空にあげレーダーで受信してデータを得る。

多額の費用を必要とする。ここがいかに重要な気象台であるかがわかる。日本の天気図はこの島のデータなしでは完成しない。

このような定点観測は船上では不可能である。日本の端の「飛び地」のようなこの島が気象観測の上で極めて重要な役割を果たしている所以がここにある。三六人の職員は今日も刻々変化する気象データを送り続けている。

八重山と大東島

大東島と八重山はいろいろな面で対照的である。八重山は奄美―琉球―宮古―八重山と弧状に連なる南西諸島＝琉球弧の最西端（最南端）を形成する島しょ群だ。南・北二つの大東島は琉球弧をはるか東へ、那覇から三六〇キロメートルも離れた大洋のまっただ中に浮かぶ。（その南には沖大東島があるが今は無人の島である）。所在の場所や形態そのものが、そもそも対照をなしている。

沖縄の離島は「八重山型」と「宮古型」に分かれるということがよく言われる。山らしい山のない平らな宮古島と、島とも思えない程に高い山々の稜線が、大陸を思わせる八重山。もっとも、八重山の島々の中でも黒島などは典型的な「宮古型」といえよう。

大東島はこのいずれのタイプにも当てはまらない。大東島は実に奇妙な地形だ。高い山がないという点では確かに「宮古型」なのだが、山がないというにとどまらず島の中心部分が、その周囲よりも凹地になっている。島というのは、そのほとんどが皿、あるいは椀を伏せたように中心部分が高みを形成し、海岸線に近づくにしたがってスロープを描いて低くなっているものだ。ところが大東島は逆に絶壁状に高くなっている海岸線から中心部に入るには坂道を下っていくのだ。低い中心地へ行くにはそこをグルリと取り囲む岸壁を越えていく。岸壁は山代わりとなって台風などの際に島の中心部分を守る。この岸壁を北大東島では長幕（ナガハグ）と呼び、岸壁が二重三重に重なっている「南」では外幕（ソトハグ）・内幕（ウチハグ）中幕（ナカハグ）と呼んでいる。島の中心に沖縄一高い於茂登岳を抱く石垣島と、幕（ハグ）が囲む中心地に海抜ゼロメートルの無数の湖沼群を擁する南大東島。

八重山黒島の畜牛は西表島からの海底パイプを引くことによって水の確保が出来てはじめて成功した。鳩間島もまたあてにならない天水に頼る生活を脱することができたのは隣のおおきな島西表島からの海底パイプ敷設による。島しょ群では島同士が助けあっているのだ。大東島は確かに「南」と「北」の兄弟島がすぐ近くで寄り添うような姿をみせている。だが、いずれも必要な真水を確保できない条件下にある。近くに西表島のような水の豊富な島などない。三六〇キロメートル離れた沖縄島から海底パイプを引くわけにもいかない。大東島では「南」も「北」も生活用水は百％海水の淡水化で賄っている。これもまた八重山の島々とは対照をなしている。島しょ群と孤島の違いである。

いくつもの島々の存在が八重山の魅力である。石垣島だけ、竹富島のみの八重山ならば県内外から多くの人々が訪れることもないだろう。それぞれ特徴ある多くの島々が相乗して魅力を大きくしているのが八重山である。

砂浜が無く、断崖が島をとりまく大東島と、他に類例が無い程の美しい白砂のビーチや、真珠を育てる、陸地深く入り込む湾をもつ八重山の島々。八重山と大東島は多くの点で対照をなしている。このような違いっぷりを実感するのも島の旅の面白さである。

南大東島の旅、ふたたび

大東島は興味の尽きない島だ。不思議な地理と独特な歴史、そして暮らし。島の人々との出会い。大東島ならではの面白い体験であった。旅日記に記録しておくだけではもったいない気がするので、そのごく一部を紹介したい。

大東島は那覇から東に三百六十キロメートルの洋上に「南」と「北」が寄り添うように浮かぶ。十四人乗りの小さなプロペラ機で約1時間半。南大東島では新空港建設、北大東島では現空港の拡張工事が進められている。近いうちにもっと大きな航空機が就航し、所用時間は短縮されるだろう。南大東島は千人余、北大東島は五百余人の人口である。

陸地に建設が進む巨大漁港

「陸地に巨大な漁港建設が進められている。」こう書くと、「そんな馬鹿な!」と誰しも思うだろう。しかし、これは事実なのだ。

島の西北海岸。地図には「南大東漁港」の記載がある。この海岸近くに巨大な「穴」が掘り込まれている。どのくらい大きいのかと問われても形容のしようがない、写真を見てほしいと言うしかない。

ともかく、野球場がいくつも入りそうな程の「穴」が出現しているのだ、どこかで見たことのある形だと思いだしたのは「波浮(はぶ)港」。

伊豆大島に叙情歌で有名な波浮の港がある。陸地に入り込んだ、まん丸の入江がそのまま港になっている。不思議なほど丸い、実はこの港は海岸近くにできた噴火口の跡である。噴火でぽっかりと開いたまん丸な穴にわずかにつながっていった海岸側の陸地が切れて海水が入り込み「入江」に変じて、かっこうの漁港となったのである。伊豆大島で火山の噴火によって出来たこのような穴を大東島では人間の力で造りあげようというのである。

大東島は八重山の黒島などと同じように隆起珊瑚礁の島である、その昔、地殻変動により海底の珊瑚礁が隆起して島となった。だからこの島は、岩石で成り立っている。高い絶壁が島を囲み、良港となるような入江など皆無である。海面近くで岩を削って造られた埠頭はあるが、その埠頭にも船を横付けにすることはできない。激しく打ち寄せる波浪が船を埠頭にたたきつける。大洋の真っ只中の島ゆえのことである。だから船は埠頭から離れて錨を下ろし荷はクレーンで注意深く積み降ろす。小さな漁船となるとそのような作業も、ままならないだろう。

そこで、波の静かな港がどうしても必要となる。どこにもそのような入江はない、陸を掘り込んで入江を人工的に造っちまおうというのである。

この掘込み作業は難事業だ。土ではなく、岩石を掘るのだ。掘削作業はもちろん機械に頼ることになる。手作業では不可能だ。機械力が備わった現代でなければ出てこない発想である。掘り出された膨大な量の岩が暴風壁として大東島の一周道路沿いに高く、長く積み上げられている。まるで万里の長城だ。ドライブのさい見かけて感嘆したのだが、帰りの機上からは、長城が二本横たわっているのが見えた。

何十メートルも掘り込んだ穴は、現在海抜ゼロメートルに達しているという。港にするには、さらに掘り進める必要がある。その作業が完了すれば海岸側を切り開いて海水を呼び込み海とつなげる。人工の「波浮港」が完成する。

真っ二つに割れている南大東島

南大東島は真っ二つに割れていると言うと、これまた「そんな馬鹿な」という声が返ってきそうだ。

島の北の端、北港の埠頭に降り立って陸の側の岸壁を見上げると、垂直に亀裂が走っている。案内のY田さんの話によると、この亀裂は単に岩が割れているのではなく島を縦貫して反対側（南）の海岸まで続いているのだという。亀裂がもっとも亀裂らしくなっている所を確認に行く。藪をかきわけかきわけ到着したその場所はどう表現したらいいのか、筆力の無さを嘆くしかないのだが、そしてまたもや写真を見てくれとしか言いようがないのだが、何かの力によって島が真ん中から折れてしまい、確かにその折れ目を歩いていることを実感する。鍾乳洞の中にいるような感じだが、岩は左右に高くそびえていて、見上げると青空が確認でき、洞窟ではないことがわかる。人間がやっと通れるような細い空間を残して左右に岸壁が二十～三十メートルの高さで対

南大東島・標高は海岸線が高く島の中央部は海抜０ｍ

峙している。場所によってさまざまに異なる形態を示すが、この亀裂が島の南北を貫いている。研究者の話では、この島の誕生である珊瑚礁の隆起の際に何らかの力が加わり、亀裂が生じたのだという。神が海底から持ち上げる際に、つい手を滑らして島を割ってしまった。何とも楽しい想像である。

呼吸する島の湖沼

ゴルフ好きのT氏のたっての希望でゴルフ場を案内してもらうことになった。日頃から広大な土地がゴルフ場になっているのが実に馬鹿々々しく思え、県民が憩える公園にでもしたらどうかと、銭金勘定を無視して考えている私には、とんと興味もなかったが、とにかく同行することにした。

ここがそうだと言われて車を降りたのだが、芝生も何もない。コースではなく、打ちっぱなしの練習場だということである。しかし、それにしても打ちっぱなし練習場ならばどこの施設にもある、あの目障りな高いネットも無い。

近づくと、確かに客が二人いてクラブのスイングを繰り返している。ボールが飛んでいく目の前には何と湖面が広がっているではないか。客は湖めがけてボールを打ち続けているのである。

打つ度にボールは水面の彼方に消えていく。ボールは使い捨てなのだろうか。それとも陸上の施設と同じように回収するのだろうか。実は興味深い自然現象によって面白い解決策が準備されているのである。隆起珊瑚礁のこの島は、紹介したように周囲の海岸線が高い岸壁となっていて島の中心部分が低地となっている。多くの島々とはまったく逆で、内陸の方へ行くには坂道を下っていくのである。もっとも低くなっている中心部分は海抜ゼロメートルである。かつては中心部分は大きな礁湖を形成していた。人間が入植した後埋め立てられ、今はいくつもの小さな湖沼が点在するようになっている。ところが、湖同士は運河によって一つにつながっている。砂糖の島であるこの島ならではのことであるが、湖同士を運河でつないで甘藷（砂糖キビ）運搬のコースにしているのだ。湖の一つは製糖工場の近くにある。畑で収穫された甘藷は船で工場に運ばれる。かつて船は陸上輸送より多くの荷を運んでくれた。内陸部の運河と外周の鉄道がこの島の甘藷運搬の手段となっていた。もっとも今はトラック1本である。

島の中心部が海抜ゼロメートル地帯となっているということは、いくつもある湖の湖面は海面と同じ高さということである。この湖面が海潮の干満に伴って上下する。つまりこれらの湖には、海水が出入りするのである。地下で海とつながっていて潮の干満が湖群にも及ぶのである。まるで湖沼が呼吸しているようで面白い。海水と淡水が混ざる河口などに見られるヒルギ（マングローブ）が、この島では島の中心部の湖の辺に群生している。めずらしい陸封型のヒルギ自生地である。「湖沼の呼吸」が学術上貴重な植物群落を生み出している。

湖面に打ちっぱなしにされたゴルフボールは満潮のさいに、みな押し戻されて集まり、回収は簡単だという。水に浮く特別なボールが使用されている。ついでに紹介するならば、海水が入り込む所が特定されていて、その場所もはっきりわかっている。そこには水門が造られていて、入り込んだ海水が海に戻らないようにストップすることもできる。製糖期で湖や運河の水が減ると困る時は水門を閉鎖して水量を満潮の状態に保つ等の操作がなされていたのだろう。生きる知恵である。

この島で人々の生活が始まってまだ百年もたっていないこと。その前は人跡未踏の無人島であったこと。最初に入植したのが、沖縄島民ではなく、伊豆諸島の南の八丈島の人々であったこと。入植後昭和三十年代までヤマトの大資本の、いわば私有地のような地域であったこと、その「ヤマト社会」の名残である、ヤマト文化が今も色濃く残っていること、戦後になって農民が自ら耕す農地の所有権を獲得すべく運動をおこして、ついに実現したこと等々。大東島は興味つきないことが多い。

沖縄と種子島

二カ年の八重山勤務で島めぐりの旅の魅力にとりつかれた。それぞれの個性を強烈に主張している南の島々、訪問が二回や三回にとどまらないところもあった。八重山の有人島はすべて訪ねた。いきおいあまって宮古の島まで遠征することになった。魅力いっぱいの島々との、あまりにも短い二カ年のつきあいを終えて単調な那覇の生活に戻った。しかし、夏になると「島」を訪ねたくなる。

わずか三日間の夏休みだが、土日をつなげて種子島の旅を試みた。二度にわたる屋久島訪問のさいに、いつも船上からながめていた種子島の「ひらぺったさ」を一度内から見たかった。平らな種子島を遠望しつつ山また山の屋久島にたどりつくのが、宮古と八重山の関係に酷似していることを、まえに書いた。

最高標高が海抜二八二メートルだという種子島は、予想に反して木々の生い茂る「山」が島を縦貫している。島は深い緑に包まれて横たわっている。

島の総面積の二割を占めるという宇宙開発センター周辺の海岸の美しさ。波が削り掘った千人も座れるという洞窟―「千座の岩屋」。海をへだてて圧倒的な迫力で迫る屋久島の勇姿。こしひかりの早米がとれるという、地平線すらみえそうな南部の水田地帯。

種子島は、変化に富んだ表情豊かな島であった。平板な、海上に浮かぶまないたのような姿を思い描いていたのだが、そのイメージの記憶は今やない。

この島はまた、わが沖縄と縁浅からぬ歴史をもつ。

「黒船」が浦賀沖に姿を現した――日本の近代化の第一歩として、どの史書も指摘する。ところがその「黒船」が、浦賀を訪ねるまえに長期間琉球に滞在していた事実を書いた歴史書はなかなかない。日本（史）から琉球が欠落している。

日本は琉球弧の島々を除外した概念として理解されてきた。日本の歴史はこれらの島々を視野の外に置いたまま語られてきた。――少なからぬ期間を奄美で生きた作家島尾敏雄の展開する「ヤポネシア論」のモチーフだった重要な史実である。

だが、島尾も語らない、そのはるか三百年余も前の「日本」史の重要なエポックをなす時代に、すでに琉球（人）が登場していたのだ。日本史の教科書の年表をみると「一五四三年ポルトガル人種子島に来る」と大きな活字で特筆されている。「鉄砲伝来」の重大事件だ。ポルトガル人が鉄砲をかついで乗り込んでいたこの船が、ポルトガル船ではなく中国（明国）船であったこと、琉球人も乗船していて、島主種子島時尭らとポルトガル人との間の通訳をなし鉄砲「日本」伝来の、いわば橋渡しをやったことはあまり知られていない。

琉球人が当時、「日本人」が見たこともない鉄砲をかついだ西洋人とひとつ船で航海していたのである。

海潮の害から島民をまもるガジュマルの林がある。かつて琉球から取り寄せて植えたという。鉄砲だけでなく、種子島は、さつまいもの「日本」発祥の地でもある。これもまた琉球から苗を入手して栽培に成功し、「全国」に普及したのだ。種子島が琉球とこのような関係をもてたのは、おそらく薩摩藩の「リュウキュウガタ」を勤めていたことによるだろう。リュウキュウガタ――種子島は薩摩による琉球支配の「現地代官」でもあったのだ。

今、国道五八号が鹿児島を出発して種子島、奄美大島を通って沖縄那覇まで続いている。

八丈流人考

八丈島の文化は「流人文化」である――と断定すると島の方々に怒られるだろうか。

バスガイドが以下のような「歴史」を紹介していた。メモもとらず聞き流していたために名前等肝心なことはすっかりわすれてしまったが――。

江戸時代。江戸の某大店の御曹子が故あって使用人六人を惨殺した。遠島となって八丈へ流された彼は、罪を悔い、一切の殺生を厳しく自らに禁じた。手に止まる蚊をたたくこともせず、蛙をもてあそぶ子供たちを諭した。

島の生きとし生けるものへの深い愛情を示すようになった彼は島の歴史、文化、生活、自然等あらゆる分野の研究に着手し、これを一生続けた。今、彼の著した「八丈志」が十何巻にもなって残っている。

八丈町役場の近くを散策していると、緑の木々に囲まれた記念碑らしきものが目に付いた。石造りでも、コンクリートでもない。陶器の瓶らしきものが用いられているその姿がめずらしく、近づいてみる。「島酒の碑」。なんだこれは？　と思う。なるほど真中の碑文の書きこまれた大きな瓶、その周囲を丸くとりまいて配置されている比較的小さな瓶――これらは、いずれも酒瓶らしい。かつてわが琉球との交流が盛んで、泡盛が島にもたらされた。このような解説を予想して碑の説明盤を読む、まったく予想に反して、いも焼酎のつくりかたを考え出した流人のことが紹介されている。

かつて酒は米だけで作られていた。酒をつくるために米を使い過ぎて種モミ不足となり食糧難を招くことがしばしばあった。このような状況を見かねたある流人がいもを原料とする「酒」＝焼酎をつくりだす方法を考えついた。その後は島の人々は食糧危機に襲われることもなく、おいしいお酒も十分に味わえるようになった。

八丈富士と向かい合って鎮座する三原山を一周する観光バスは、町役場前を出発すると最初に「大里の玉石垣」へ案内する。武家跡だという屋敷を囲む丸石の石垣。激しく寄せては返す波に角を削り取られ、すっかり丸くなった石が整然と並ぶさまは実にみごとだ。

「六個積み」と呼ばれているその石積み法は、どの石をとってみても周囲を同じような他の6個の石に囲まれている。頑丈でけして崩れることがないという。この石積みもまた流人の作業だ。流人を取り締まる役人の屋敷の周囲を丸石の石垣が囲んでいる。流人たちは大人の頭よりも大きな丸石を海岸から何回も何回も運ばされた。奴隷のように働かされただろうとの思いと共に、「六個積み」の技法を伝えて今に残る彼等の文化を思う。

八丈の言葉は九州の言葉に似ている――とも言われるようである。八丈と九州。どこで結びついているのか見当がつかない。たねあかしはこうだ。かつて八丈へは全国から罪人が流されてきた。九州からつれて来られた者もいたのだろう。九州だけでなく全国各地の方言が入り混じり、それが受け継がれ、今日に至っている。全国どこの者が訪ねても、なつかしさを覚えるアクセントに出あえるかもしれない。

文献をあたればすぐに確認できることだろうが、それもしないまま断定するならば、八丈ではどのような重罪の者も「舎獄」に入れられることなく日々を生きた。そして重い過去があるからこそ人間として大きな仕事をなしとげた流人は少なくなかった。島そのものが「舎獄」であった八丈では島の中には塀はなかった。そのことが彼等の営みをして島の文化創造に大きな足跡を残させることになった。

独り斜陽に立って
　碧海を望めば
岸頭の波勢
　雷鳴を作す
　　―流人　松本椿山―

アジア諸国の旅

ベトナムショック旅

冷やかな兵士の反応

「最後にもう一つだけ通訳してください」——説明終了を告げようとするガイドをとどめて講師のN氏に頼み込む。N氏は「どうぞ、どうぞ」と快く引き受けてくれる。

「私たちは日本のオキナワから来ました。ベトナム戦争当時、オキナワから米軍の『B52』が連日飛び立ち、ここベトナムへ来て爆撃を繰り返していました。私たちは幾度もB52撤去！ベトナム戦争反対の集会を行い、デモ行進を繰り返しました」

私はいささか興奮していた。ベトナム空軍兵士であるというガイドは、私がこのことを話すと、おそらく目の色を変え、熱い連帯の気持ちを込めた、痛いほどの強い握手でこたえるだろうと思い、期待に胸が高鳴った。

ところが、彼の態度はまったく予想に反するものであった。兵士は、これっぽちも表情を変えないばかりか、私の思い過ごしだったのかもしれないが、唇には冷ややかな笑みさえ浮かべているように見えた。

講師の通訳を通して伝えられた彼のメッセージは、「関心をもってくださるのはありがたいですが、沖縄から飛来したB52の爆撃によってこちらではずいぶん多くの人々が死んでいきました」というもので、実にあっけないコメントであった。

兵士はそれ以上何も言わなかった。あとは、「皆さまの今後の日程が意義ある旅となるよう期待しています」と、どの見学者にも言うような言葉を残してガイド終了を告げたのだった。

初めてのベトナムの旅で、もう幾度目になるだろうか、ここでも私は強烈なショックを受けていた。

兵士の言葉は、「おまえさんらがいくら集会をやり、デモ行進を繰り返してもオキナワにアメリカの基地があり、爆撃機がそこから飛び立ち攻撃し続けたのでベトナムの住民は次々と殺されていったのだ」と、抗議でもしているように私には感じられたのだった。唇に浮かべた彼の笑みは「集会やデモをやったと満足しなさんな」「オキナワでは五十年かかっても米軍基地を撤去させることすらできないではないか！」と言外に指摘しているように思われた。

体験を共有しないところに強力な連帯は生まれない。いきなりやってきた「観光客」でしかない相手に「おれたちもベトナム反戦をたたかった」と大きな顔をされても、生命をかけて戦い抜いた兵士としてはしらける思いを強くするだけだろう。うかつにも私はそんなことを考えもしなかった。発言してしまった後、相手の素っ気ない態度にショックを受けて初めて、そのことに気付いたのであった。

実際に銃剣を交え、そしてアメリカ軍に勝利したベトナムの兵士の話を聞いていると、新たな米軍基地建設をOKする知事や市長しかもちえない我が郷土沖縄の状況に「まだまだ道遠し」の思いを禁じ得ない。

地下に三層の「城塞」

ここは「クチ」。ベトナムのホーチミン市（現地では今も「サイゴン」と呼ぶ者が多いという）からノンストップで車を飛ばして約一時間半。小さな村が世界の戦闘史上画期的な足跡を残したと知れ渡ったベトナム戦争の戦跡地。

ベトナム解放民族戦線は「サイゴン」攻略に最適の位置にあったこの村で戦争勝利に決定的な役割を果たすこととなる地下基地を掘りあげた。基地といっても近代兵器の粋を集めボタン一つで米軍機を撃ち落とすといったようなものではなく、単なる地下壕で、蟻の巣を大きくしたようなものである。だが、この「蟻の巣」は三層構造、要するに地下三階の構造になっていて米軍機のじゅうたん爆撃を受けて一層の一部が破壊されることはあっても三層部分はまったく無傷のままであった。

当初はどこにもあるような避難用の壕として掘られたのだが、ここの土質の硬さ（オキナワの『ニービ』に似ている）と「サイゴン」攻略の最適地に位置することに着目したハノイ政府が重要な基地として位置づけ、戦闘の過程で二十年余に渡って「トンネル」を拡張し続けた。ジャングルの地下深く縦横に掘りめぐらされたこの地下基地は、直線距離にすると、二百キロメートルに達する。

解放戦線戦士は、ここを拠点に戦線に出撃し、米軍に追われるとここへ逃げこんだ。会議・食事の場所、そして負傷兵を治療する「病院」等、適度な広さを必要とする「施設」を中にもつこの基地の、それらをつなぐ「地下道」は人間ひとりが腰をかがめてやっと通るような狭く細い穴である。小柄なベトナム人でも出会うと後ずさりしなければならない。単線の線路を電車が駅ですれ違うように、この「地下道」には、すれ違いのための、わずかに掘り広げた場所が所々につくられ、うまく機能している。逆に、さらに狭くして大柄な米兵は絶対に通れないように工夫した個所もあるという。解放戦線戦士にとって絶対安全な「城塞」であったこの地下基地は米兵にとっては地獄の迷路であった。

地上の出入り口は大木の陰であったり、土は木の葉でうまくカムフラージュされていて、めったに発見されない。必要なだけつくれられた通気口もその存在は気づかれることがない。かまどの煙がストレートに立ち上ると、たちまち米軍の攻撃目標とされる。それを防ぐために煙ははるか遠くに導かれて地上に出される。米軍機がそこを爆撃しても食堂はびくともしない。地下水も壕内で確保し、長期戦を可能にしている。

常時五千人もの人々がこの中で「暮らし」ていた。彼らは時に地上の戦線でゲリラ兵士として米軍と戦い、そしてここへ帰る。ゲリラ戦は小グループでそれぞれが適当に敵を攪乱する非組織的な戦闘というイメージがある。だが、五千人もの戦闘員が複雑に入り組んだ地下壕に集結し、戦況を適切に判断しつつ適時小グループで戦闘を展開するという集団行動は、優れた組織性なくしては不可能であっただろう。「ベトコンゲリラはどこにも見えないが、どこにでもいる」と、この地に送り込まれた米兵は恐怖した。

この地域全体が、いわば戦争博物館となっていて世界中から観光客が訪れる。施設の入り口の建物へ入ると、正面にオリエンテーションルームがある。この部屋に、「地下基地」の模型が設置されている。三層構造になった基地の模型をみていると、解放戦線とハノイ政権の「何十年かかっても米軍を追い出す」との決意が伝わる。

模型の傍らには、小さなザルと、鍬ともヘラともつかない、これまた極めて粗末な道具らしきものがちょこんと置かれている。説明によると、これで全長二百キロメートルの地下基地を掘りあげたのだという。排出される多量の土は、近くを流れるサイゴン川へ捨て、また米軍の爆撃でできた大きな穴を埋めるのにも使用された。

一九七五年四月三十日、解放戦線は旗を林立させた戦車を連ね、サイゴン市中心にある大統領官邸の正門を突破する、二五年前テレビで放映されたこの映像が、「ゴ・ジン・ジェム」「グエン・カオ・キ」といった独裁政権のメンバーの名前と共に今も脳裏に焼き付いて離れない。戦車が通った、官邸正門に直進するこの道路は「四月三十日通り」と命名された。

今は外国人にも公開されている、その「官邸」の三階から逆に戦車が進軍した四月三十日通りを見下ろしていると、遠く隔てた外国とはいえ、連日新聞・テレビで戦況を知らされ、同時代を生きた世代として身体が震えるのを禁じ得なかった。

「官邸」の裏の屋上はヘリポートになっていて、おそらくあの時と同じ型であろう迷彩色の大型軍用ヘリコプターが駐機されている。敗色濃厚となったベトナムから逃げ出そうと、米軍や当時の南ベトナム政府高官らがヘリコプターに乗り込もうとする所へ、われもわれもと殺到する市民。その修羅場の映像もまたわれわれの記憶に新しい。独裁政権の末路はいずこも同じである。フィリピンでも同じ状況下でマルコスはアメリカへ逃走した。

「戦争証跡博物館」という、何となく野暮ったい名称の博物館がホーチミン市にある。日本で戦争というと第二次世界大戦であり、沖縄戦であり、広島・長崎への原爆投下であるが、ベトナムで戦争といえば、つい二五年前まで続いたベトナム戦争である。アメリカとの戦争に勝利したにしては地味な展示であるが、庭には米軍が使用したナパーム弾や戦車・戦闘機が展示され、屋内の壁には当時の米軍の残虐な行為の写真が並び息を呑む。

供述を拒否して米軍ヘリから突き落とされ真っ逆さまに地上に落ちる解放戦線戦士。マクナマラ・アメリカ国務長官の命を狙い、失敗して逮捕されたが、腰を伸ばし、顔を上げ、目隠しされ死に臨んでもなお凜として「ベトナム万歳！」を叫びつつ銃殺される若者。ベトナム戦争当時いずれも新聞等ですでに見ている写真であるはずだが、「現地」で改めて見るとさまざまな思いが胸を突き上げる。ナチスの蛮行にも匹敵する、これらの行為が現実に繰り返されたにもかかわらず誰もその責任を負わないという事実がまたやりきれない。

ベトナム戦争を撮り続けた写真家、われらが石川文洋氏の常設コーナーもある（私たちが訪れた七月は特別展のため石川氏の写真は一時おろされていた）。この博物館には日本を含め各国で展開されたベトナム戦争反対の運動紹介のコーナーもあって、感謝の意を表している。けして他国の集会やデモを冷笑してはいない。

二〇〇〇年七月、念願のベトナムの旅を実現した。これまでメンバーが集まらずに中止になったりと空振り続きであったがついに実現した。ベトナム語を自由に話し、大学でベトナム語を教えているN講師同行の、実に贅沢なベトナムの旅であった。ベトナムを知り尽くしているN氏に案内されて街角の屋台で朝食をとり、訪ねる町々のスージグヮー（小径）を歩き回り、「クチ」の地下壕でも氏の通訳で非常にわかりやすく案内を聞くことができた。ベトナム戦争についてリアルタイムの報道に接してきたわれわれ五十代の世代にとっては、時にその「現場」に立ち尽くすショックの連続の旅でもあった。戦争を知らないベトナムの若い世代には「親米感情」すら芽生えているという情報にもショックを受けたのだった。ホテルマンやデパートの売り子は英語を話し、空港では職員に英語で怒鳴られた。

アジアのどの国もそうであるように、ベトナムもまた初めて訪れるまれびとに実に複雑な顔を見せていた。

「地下基地」をつくりあげた「近代兵器」

中国はどこへいく？

中国はほんとうに社会主義か

「中国は社会主義でしょうか、それともそうではないのでしょうか？」

今、これを書いている私が読者の皆さんへ質問しているのではない。私たち十二人のメンバーを上海―黄山―杭州―蘇州―上海と案内してくれた中国ツアーの現地ガイドTさんが私たちへ発した質問である。

このような国は他にも多いと思われるが、中国では外国人相手のガイドの社会的地位はかなり高いように見受けられる。大学で日本語を専攻し、日本への留学の経験もあるというTさんの日本語は完璧だ。

「東京からはるか離れた沖縄で生まれ育ったわれわれよりもきれいな日本語を話しますよ」「すごくうまいですよ」と、感心して話すと、「とんでもございません」と、これまた限りなく標準語に近いみごとなアクセントで答えていた。

そのTさんは、行く先々の観光地について説明するだけでなく、バス移動のさいのあり余る時間を利用して中国の政治、経済、そして為政者の言動等についても歯に衣を着せずに、ずいぶん思い切った発言を繰り返していた。

十年ほど以前の、あの天安門事件、その後の民主運動家たちに対する中国当局の厳しい態度に関する報道に幾度も接している私たちは、どこの何者かもわからない外国人のグループに対して「政治向」の話を気軽に続けるTさんの言葉を「大丈夫だろうか？」と、はらはらして聞いていた。

予定のコースを回り終えて再び上海へ戻った時、バスの中でTさんは、中国について何か尋ねたいことはないか、と私たちに問いかけた。何の発問もないので、「それでは私の方から皆さんへお聞きしましょう」と言い、出たのが「中国は社会主義社会だと思いますか？」との冒頭の質問。

出た！　ついに出た！　と私は思った。「外国人へ物を高く売りつけるので社会主義ではない」「乞食のいる社会主義なんておかしい」等と、ツアーのメンバーは、多分にジョークの気持ちを込めて言いたい放題答えている。Tさんは、ちゃかしとも思えるこれらの失礼な発言を怒ることもなく、ニコニコと聞いている。

社会主義社会とは、生産手段の私的・資本主義的所有を廃して、これを社会化することによって生産物（富）の配分を公平にし、貧富の差を無くする。そして、このような社会システムを国民の総意で民主的な手続きによって実現するというものであったはずだが、さまざまな原因によりその試みはソ連で失敗し、ソ連邦は崩壊した。連邦の中核となったロシアをはじめ傘下の国々は軒並みに「社会主義や－めた！」と次々と旗を降ろした。

さて、社会主義「大国」として残る中国はどうなるのか。この国の知識人であるTさんが、そのことをどのように説明するのか。私は、少し大げさな言い方をすれば、かたずをのんで彼の次の言葉を待った。

中国の真実の姿

「マルクスによると」と、三十代と思われる中国の知識人Tさんは話し出した。「共有」と「平等」が社会主義の原則である。この基準からみて現在の中国の状況はどうだろうか。Tさんは知識人らしく理解枠をきちんと整理して問題をたてる。「平等の問題からいきましょう」と言ってTさんが最初に紹介したのは国民の収入の地域間格差であった。広東省珠海市（マカオの近く）の市民の所得が内陸部の貴州省（中国の省は日本の「県」に相当する）の住民の四九倍であることを指摘した。我が沖縄県がいくら所得全国最低といえども、県民所得が、例えば大阪市民の四九分の一ということはありえないことだし、それがどんな状況なのか想像さえできない。これはおそるべき格差である。

デラックスな巨大ビルが次々と建ち並ぶ上海の、そのビルの谷間でボロをまとい、手をつきだして観光客に金品を乞う子供たちをみていると貧富の差をいやがうえにも痛感させられる。といっても単なる個人差ということならば、例えばアメリカのコンピュータソフト長者ビル・ゲイツの収入を思えばその差に限りのないことは資本主義社会では珍しくもないことである。だが、地域間の所得格差が五十倍近くにもなるという自体は、一国の経済事情としては想像を絶する。ましてや平等が国是で無ければならない社会主義国において。

「共有」についてはどうだろうか、とTさんは話をすすめる。Tさんは自分の友人のケースを紹介する。Tさんの友人は数年まえに事業をおこした。これがあたって会社はとんとん拍子に大きくなる。たった数年で彼はアメリカに二つも三つも別荘を持つまでになったのだという。これだけのことならば、よくある安っぽいサクセスストーリーにすぎない。問題はこのような起業を社会主義を標榜する中国政府が強力に奨励していることである。もちろんこれもTさんのガイド。「金持ち」ができることはいいことだ、ということが政府の態度だという。

起業者の「成功」が一方に貧乏な働き手無くしては絶対にありえないという、このからくりは社会主義国の為政者であるならば知り尽くしているはずだ。ところが、国の奨励に助けられてこのような「成功者」が今中国では次々と生まれているのだという。国有企業ももちろん存在するが私企業が雨後の竹の子のように増えている。農村でも農地のほとんどが農民の所有になっているのだという。

つまり、Tさんは社会主義社会の原則であるはずの「共有」も「平等」も今の中国では、すでに失われているというのである。これではたして社会主義といえるのだろうか、とTさんは私たちに問いかける。

Tさんの説明どおりに事が展開しているのであるならば、中国は生産手段の私有が進み、資本主義国でも考えられない程の国民間の所得格差が存在し、それが今も日々拡大しているという、いわば資本主義の悪と、政治・社会の分野では一党独裁という、「悪しき『社会主義』」の残滓を併せ持つ最悪の社会体制といえる。

どこへいく、中国社会主義

Tさんは、中国社会の問題点についてさらに驚くべきことを紹介した。

この数年間、中国の国民所得は日本の三十分の一といったところであった。数年まえに訪れた際に、やはり大学で日本語を専攻したという若い男性ガイドに案内された。北京空港で別れる際に「あなたの月給はいくらですか」と、思い切って尋ねた。彼は即座に日本円にして一万円であると述べた。帰り着いた那覇空港で偶然にもロビーのテレビが中国特集をしていて、中国でも映画スターなどがぜいたくな生活をするようになったということを紹介していたのだが、その月収が日本円にして十万円程度であるとの解説であった。

バスを降りて肩を並べて歩いているとき、「たちいったことを聞きますが」と、Tさんに遠慮がちに尋ねた。「Tさんの月給は日本円にしていくらですか?」。Tさんは、「ボーナスや手当など一切がっさい加えて五～六万円くらいですよ」と答えた。

Tさんが紹介した驚くべきことは、月収五～六万円だという彼の給料(いわゆる本棒)が二百元だということ。日本円にすると約三千円である。月収の九割前後は手当とかボーナスとかであるというのだ。つまり、固定給は三千円で、それ以上は実働によって支払われたり、支払われなかったりする部分という給与システムとなっているのである。大学を卒業して就職したら初任給がどのくらいかということなど中国では決まっていない、そんな「相場」などないという。その人の働きによって収入は大きく増減するのだという。正雇用の制度を無くして全員臨時雇用として、働きが悪ければいつでも解雇する会社がふえたということも紹介している。ここでもまた、国民の生活の基本を国が保証するという社会主義の原則が機能していない。国民が資本主義よりも、はるかに過酷な競争社会に投げ込まれている。
中国社会主義は一体どこへ行くのだろうか。

中国ディスカウント大作戦

旅で親しくなった高校教師のM氏は、Tさんの話が終わった時「どう思う?」と、話しかけてきた。「百円でできた品を、もうけを見込んで百二十円で売るのは資本主義。生産費百円の品を計画通り百円で売るのは社会主義。百円でできた品を外国人に千円で買わせようとするのは資本主義でも社会主義でもなく、これはもう△△△主義としか言いようがない!」と、憤懣やるかたないといった表情で非難している。

中国の商品には価格などない。これは断言してもよいように思われる。先回の中国の旅で桂林を出発する灘江下りのクルージングへ参加した。両岸に次々と墨絵のような世界が展開する。景色を観賞する合間に私は船内に設けられた出店の兄ちゃんとディスカウントマッチを繰り広げていた。

めずらしい品々がところ狭しと並んでいる船上の小さな店で、私はアメジスト(紫水晶)の大玉をねらっていた。店の兄ちゃんは価格は六万円だという。日本で買ってもこれ以上はしないだろう。

幾度も足を運び、欲しそうな顔をして値引きを繰り返す。とうとう三万円まで落ちた。それからは買うのか買わないのかしつこく尋ねる兄ちゃんに、思わせぶりな態度で「今考えている」と言って逃げを打つ。四時間近くのクルージングが終了に近づき、いくつかあった船上の出店は店をたたみかける。そのタイミングを見はからって閉店作業中の兄ちゃんへ最後の一声をかける。「一万円なら買うぞ！」。「ワタシ社長に叱られる」と、首を傾げていた兄ちゃんは、「いいでしょう、ＯＫ！」と承諾した。六万円だという品を六分の一の一万円ということで「商談成立」したのである。おそらく兄ちゃんは、この時私が「五千円！」と断言していたならば、それでもＯＫしただろう。価格は無いのだ。できるだけ高くで売れればいいのである。

同じ船上で印鑑用の小さな石などを並べていた店主は、最初一つ千円だと宣伝し、しばらくすると二つ千円となり、そのうちに三つ千円と言い出す。クルージング終了が近くなった時、この店主は驚いたことには半分以上も売れ残った品を箱のまま客室に持ち込んで「これ全部で千円！」と言い出した。

どこへ言っても中国の物売りはすさまじい。旅行社が有無を言わせずに連れていく売店はもちろん、食事のためのレストランでも壁中に軸物を掲げていて食後の販売合戦は激烈である。少しでも高い価格で売らんとする店員と、激安で買うぞ！と構える私たちとの合戦。「ほんとに買うならばいくらで買う?」とこちらに値段を聞いてくるのだ。

からかっているのか、実際に買う気があるのかということをかぎ分けて、買う気のある客には、すぐに「担当」の店員がぴたっと寄り添い、客の動くところへとことんついて周り価格交渉を続ける。買いそうな客を絶対に逃がさない。客は自ら価格を口にしたとたん買わねばならない。

日本で六万円の品を中国で一万円で買えたとしても、そのことを喜んでいいのかよくわからない。考えてみると、物の価格は、そのほとんどが人権費といっても過言ではない。原料を掘り出す際の人件費、加工する際の人件費、加工に必要な機械、道具を制作する際の人件費、店頭まで運搬する人権費、保管する倉庫を造る人件費。その倉庫の管理のための人件費。店員の人権費等々。日本の二十分の一から三十分の一の所得水準の中国で日本の価格の六分の一で買った買い物が「安い買い物」であったかどうか。価格交渉をしない(あるいはできない)客は最初に示された価格で買わされることになるのだ。

ツアーメンバーのM氏が「△△△主義だ!」と立腹したのはこのことである。

外国人のみでなく、中国の一般の国民も客となるであろう駅の売店では、私たちが案内された、おそらく中国の一般国民は立ち寄ることのない外国人対象と思われる売店やレストランよりもはるかに安い価格で書画・民芸品などを販売している。そして、ここでも同じように売り手と客のディスカウント合戦は繰り広げられているのである。

理想社会建設を実現するか

一九九九年七月、中国を旅した。二度目の訪問である。主な目的地は黄山。巨大遊歩道自然公園とでもいえばよいのか、奇岩、奇松、奇崖の立ち並ぶ広大な山岳地域である。午後の三時間だけであったが、墨絵の世界を歩き回った。山を下り、途中黄山市での昼食をはさみ、がたごと道をボロバスで実に八時間。整備されてなく、広くもない街道だが、プラタナスの並木が延々と続く。途中二回程下車休憩。この時もまた売店へ案内される。

いつまでも続くバスの旅で大陸の広さをいやというほど感じつつ抗州へ。

抗州では、周辺に政府要人の別荘が集まるという西湖の遊覧や寺を回り、翌日蘇州へ。

水の都というが、蘇州では街に入り組む運河をゆっくりと観ることもなく定番の寺と、イタリアのピサに並ぶ「もう一つの斜塔」の建つ虎丘を見物しただけで再び上海へ戻る。中国はどこへ行っても人間が多い。人口増をくい止めるための「一人っ子」政策はよく知られている。アメリカ大統領が中国訪問のさいに、その非人間性を指摘したら、中国の国家主席は、地球は全人類のものだから、公平に使用するよう考えてもらってアメリカが中国国民の一億人位を移民として認めてくれるか、と切り返したという。中国の人口増ストップの政策は最優先課題となっている。

人権尊重などときれいごとを言っていては将来おびただしい数の国民が生きていけなくなるのだという。

全てが絶望的にみえるこの国だが、観光地や街に押し寄せる多くの国民は、知識人の嘆きをよそに皆実に表情が明るい。すこぶる元気である。親の指示で物乞いをする子供たちですら、何も与えないまま、そのことになにがしの罪悪感を感じながら顔を引きつらせてバスに乗り込む私たち観光客とは裏腹に、期待に応えてくれなかった相手を笑顔で手を振って見送っている。

他人事ながらガイドの話に一体これからの中国はどうなるのだろうか、と心を痛めたのだが、帰国後中国に関する二〜三の文献に目を通していると、この国について自分が何も知らないことを思い知らされる。近視眼的に一喜一憂しない、広い視野と長い展望で物事を考える国民性。宇宙から見える唯一の建造物といわれている、広大な中国国土を取り囲む長城を築き、北京からははるか長江を越えて一千キロメートルに及ぶ（東京から札幌あるいは福岡までは約八百キロメートル）運河を掘る中国国民にとって国難の二つや三つは将来を絶望するようなことではないのかもしれない。

日本では九州か大和か、その所在について未だに結論のでない卑弥呼の王国だが、この時代の数百年もまえにすでに統一国家を形成していた中国。人類発生の地の一つでもある中国。長い歴史の中で日本（人）に絶大な影響を及ぼし続けた中国。

仏像や神社仏閣、古い文化遺産をことごとく破壊し尽くした狂気の「文化大革命」を克服した彼らは、国民の民主化要求を圧殺した「天安門事件」についても、いずれその誤りを確認し、理想社会建設の方向へ確固とした歩みを始めるのかもしれない。

草原の国 モンゴル

モンゴルへ

豪邸を所有することは幸せなことだ、と私たちは思っている。この価値観が「定住」を前提にしてはじめて成り立つものであることに、それ以外の生活を知らない私たちは気づかない。

生活の場を変えることなく、一定の職場で働き、一定の住居に帰り着く。このような一生ならば、豪華なマイホームは楽園だ。だが、生きるために留まることを許されない人々にとって、それは何の役にもたたないだけでなく、じゃまな存在でしかない。

馬の群れと共に生きるモンゴルの人々は、えさの草を求めて草原での移住を重ねる。馬たちが広い草原の草を食い尽くすと一緒に他へ引っ越さねばならない。十頭や二十頭ではない。何百頭もの馬のエサを確保しなければならない。動く範囲は「隣の草畑へ」というわけにはいかない。広大な草原で移動を繰り返す彼らの住まいは、折り畳み、かついで運べるものでなければならない。モンゴルの人々はそんな住居を造りだした。「ゲル」。中国では「パオ（包）」と呼ばれる。丸いテント小屋。

何だ、これは！　窓ガラスに顔をつけっぱなしで外界に展開する緑の世界を眺め続ける。どこまで行っても草原だ。地上を車で走っているのではない。航空機で空を飛んでいるのだが、飛べども飛べども草原のエンドラインは現れない。時折眼下に数個のゲル群が姿を現し、その周辺を何百頭もの馬の群れが走り回る。しばらく飛ぶと、また同じようなゲルと馬の群れが現れる。この無限に広がる草原の上を人々が馬と共に果てしなく移動を続ける。これでは誰がどこにいるのかさっぱりわからないではないか。郵便は届くのだろうか。友人たちや親戚らは、どのように訪ね当てるのだろうか。そもそもこのような状況で国は国民の「現存在」を掌握できるのだろうか。さまざまな疑問が頭を駆けめぐる。

モンゴルの人々は、農耕の民である中国漢民族と国境を接し、長期に渡って紛争を繰り返してきた。巨大帝国の覇権を争って互いに支配し、支配される歴史のドラマもあったが、境界付近での小競り合いも絶えなかった。遊牧民が草を求めて移動している間に農耕民族は牧草地に鍬を入れ作物を育てる。遊牧の民が草が生えそろったことを期待して戻ってみると、そこはすっかり畑に変わり果て牧草の姿は無い。神の与えた台地を傷つける許し難い行為と彼らは怒る。逆に農耕の民は、土地を耕作することもなく草の自然成長のみを期待する彼らを怠け者と非難する。一方が草地を耕作すると、他方が農作物をつぶして草地に戻す。するとまた草地に鍬を入れる。遊牧民と農耕民族の、存在をかけた争いが続く。この紛争が事の発端となって、中国をして万里の長城を築かせ、遊牧民のドンであるジンギスハーンの中国全土支配に至ったのかもしれない。

農耕民族の一員である私たちの日常生活の対極を思わせる異質の世界モンゴル。だがウチナーンチュを含めた日本人はモンゴル人と同じように「蒙古斑」を身につけて生まれ落ちる。先祖を同じくするモンゴロイド同士でもある。

視力五・〇の牧童と移動式住居

モンゴル。気の遠くなりそうなほど広大な草原で人々は馬を飼ってなりわいをたてている。馬を飼うといっても例えば、畜舎の馬たちのために小学生が学校を終えて草刈りの手伝いをする——といったようなイメージは通用しない。柵で囲った牧場に馬たちが三々五々群れている、というイメージも事実から遠くかけ離れている。草原には柵などまったく見られないし、ましてや畜舎などというのは、モンゴルの牧童にはその言葉の意味すら理解されていないだろう。地平線の見える大草原を馬は何十頭、何百頭の大群で食事に精を出し、駆け回る。これらの馬たちとつきあうモンゴルの牧童は五百頭の中から二〜三頭いなくなっただけでも、そのことにすぐ気づくとい

丸いテント小屋── 移動式住宅「ゲル」

う。それも、「三頭少ない」と引き算するのではなく、「太郎と花子と愛ちゃんがいない」というような個体識別で気づくのだという。ちなみにその彼らの視力は四・〇とも五・〇とも言われている。

頻繁に移動を繰り返す生活では、家は短期間で組み立てられ、すぐに撤去でき、次の場所へ容易に運ぶことができるものでなければならない。「ゲル」は、このような住居として考えられた円筒型のテントハウスである。

宿泊したゲルで、その構造が面白くひとりあきずに眺めていた。二本の柱が天井部分の輪になった骨格を支える。アコーディオンのようにのびちぢみする、板を格子状に組んだ壁材を目一杯引き延ばして柱をぐるりと取り囲む。柱で支えた天井の「輪」と、この壁を放射状にのびる無数の棒がつなぐ。中から見上げると、まるで全開した巨大な唐傘を見るようで圧巻だ。この骨組みを羊皮ですっぽりと包む。防寒用の材料を挟み、内側は布で覆う。これらの「建材」が、いわばキットになっていて撤去、組立は容易である。熟練した男性が二人から三人もおれば一時間を要しない。取り壊して各部分にばらせば運ぶのも簡単だ。

窓はない。だが、天井の輪にかぶせたカバーはひもを引いて開け閉めできるようになっていて、開けると昼は陽光を呼び込み、夜は星空を仰ぐことができる。雨の日にはカバーを締めてこれをシャットアウトする。雨漏りなどはない。柱や天井の輪、放射状にのびる無数の棒は赤を基調としたカラフルな装いで実に楽しい。無駄な部分が皆無でシンプルな構造美がみごとである。住人が外で立ち働いている間は「裾」をまくりあげ、すけすけになった足もとを快い風が通りすぎる。窓が無くとも室内の空気がよどむことはない。

宿泊したゲルは四人用であった。湾曲した周囲の壁に沿って四つのベッドが並ぶ。丸い壁に抱かれるように横たわると、不思議な安堵感が身を包む。母の体内へ戻ったような絶対的安心感。不眠症気味の私だが、ゲルのベッドではぐっすりと眠ることができた。それはきっと「胎児の眠り」であったのだろう。

モンゴリアン・ホスピタリズム

首都ウランバートルから国内線でさらに西へ飛び、約1時間後に旅のベースキャンプとなるホジルトへ着く。ここの「ツーリストゲル（旅行者用宿泊施設のゲル群）」を拠点に草原の旅を2本。初日、カラコルムへ。ジンギスハーンの末裔たちが君臨したモンゴル帝国の首都の跡。今は強者どもの夢の跡もうかがえず、ただ塀が残るだけ。すさまじい車を駆って、すさまじい道路を、すさまじいスピードで往復する。日帰りだが都市生活になじんだ訪問者には実に過酷な旅であった。モンゴルでの車の旅の厳しさについては事前に情報を得ていたのだが、聞きしに勝る「ドライブ」だ。

帰路、身体がばらばらになりそうなほど疲れ果てた私たちを癒してくれたのはゲルの住民のあたたかい歓迎であった。「予約」してあったのか、押し掛け訪問なのか知らないが、数十人の我がウチナー部隊が大草原のただ中の一つのゲルを訪ねる。ゲルでの生活を見たくてたまらない旅人と、客が大好きなモンゴルの人々。とても入りきらない大勢の私たちに、ゲルの主は「どうぞ、どうぞ」と中に入るよう懸命に招く。外に残された者は、草原に腰を下ろし、あるいは、立ったまま、はるか地平線を眺めて一息つく。ホスト役のゲルの住人は大きな器いっぱいのすっぱい馬乳酒で造られたチーズを山盛りかかえて配り歩く。もらったばかりで両手がふさがっていても、もっと飲め、もっと食べろと繰り返す。これはもう、久しぶりに里帰りした子や孫、あるいは初めての来客へも「かめー、かめー」と食べ物・飲み物を勧めるウチナーの「かめーかめーオバー」そのものだ。

モンゴル人の客好きはつとに有名である。このゲルの主人がたまたまそうであったのではない。どのゲルでも友人であろうが、見ず知らずの旅人であろうが同じように心から歓迎し、もてなす。二度目の訪問は、ガイドがバスの進行途中、「あのゲルにしようか」「住人が留守のようだから別のにしよう」などと言いながら、適当に選んだゲルを訪問したのだが、まったく同じように大歓迎を受けたのだった。

モンゴル人のこのような態度もまた遊牧生活の中で自ずと身に付いたものである。馬の大群と一緒の移動だから、人々は食事をつくる時間も惜しんで前進しなければならない。住居もたたんでかついでいるのだ。そんな時は、通りがかりのゲルで接待を受けることになる。世話をする方も、また受ける方もそれを当然のこととして、構えるとか、遠慮するということがない。時には家人のいないゲルに入り込んで勝手に食事をとることもあるという。遊牧を生きるために必要なこの習慣が、彼らをしてまれにみる客好きの民族にした。これがよく知られている「モンゴリアン・ホスピタリティ」である。

シンプルライフ

モンゴル遊牧民の移動式円筒型テントハウス「ゲル」を見学する。

ツアーメンバー数十名による押しかけ見学。全員一緒では入りきらないので幾組かに分けて入れ替えで案内してもらう。遊牧の民が実際に生活しているゲルの中を見せてもらうのは初めてだ。

身体をかがめて小さな入り口をくぐり「屋内」に入ったとたん唖然とした。家財道具も何も無いのだ。いや、確かになべや食器やそれらを入れる棚などは目に入るのだが、壁際にちょこんと置かれたわずかばかりの生活用具。それがすべてである。リヤカー一台に簡単に収まりそうだ。まるでままごとのように「貧相」に思えるのだが、それは彼らが貧乏だからではない。

三十分もあればばらばらに解体して馬の背に乗せることができる彼らの住居「ゲル」。これが遊牧生活の中で必然的に生み出されたように、その中身もまた簡素で容易に運べるものでなければならない。豪華な品々は、不必要なだけでなく、じゃまな存在でしかない。

「何も無い」小さなゲルの中に入ると、私たちの日常が如何にモノに取り囲まれ、モノに執着し、モノを蓄積することにあくせくしているかを改めて思い知らされる。

車、洗濯機、冷蔵庫、掃除機、エアコン。ラジオ、テレビ、ビデオ、ステレオ。読みもしない「つんどく本」は壁の棚からあふれ、最近はこれにパソコンとその周辺機器が加わる。

おびただしいモノを集め、自らはその隙間で小さくなって生きている。転居ともなるとモンゴルのように、ひょいとひとかづぎというわけにはいかない。いくつものコンテナが必要で、引っ越し業者を儲けさせてばかりいる。

私たちは、モノを多く持つことが生活を豊かにするという神話にがんじがらめになっている。日常生活は次々とモノを増やす歴史でもなる。

遊牧の民にとって「多くのモノを抱えること」は、生活の豊かさを意味しない。モノを多く持つことが誇りを高めることにはならない。彼らはモノに執着しない。生活のあらゆる局面から無駄を取り除き、ギリギリのシンプルライフを追求する。食物も遊牧で得られる馬乳酒と馬乳のチーズ、それに飼っている家畜の肉くらいである。何着ものドレス、何足もの靴を所有することもない。

土地付き一戸建てのオーナーになることが最終目標でもあるかのような私たちの人生だが、モンゴルの遊牧民は、よしんば経済的な余裕ができたとしても、その分大きなゲルを建てるとか、りっぱな家財道具を購入するということはない。彼らにとっては土地ですら所有する意味がない。必要なのは土地ではなく、そこに生える牧草である。小さな土地を「オレのものだ」と、みみっちく囲い込んでも、そこで何百頭もの馬を飼うことなどできない。

草原の私有は、遊牧を不可能にするだけである。

危うし遊牧民の価値観

「ナイル・ナーダム」はモンゴルの夏の一大祭典である。モンゴルの人々が私たち観光団のために特別にミニナーダムを開催してくれた。通常は射矢と相撲と競馬が行われるが、この日は射矢は無く、相撲と競馬のみ。観光団に加わっていた、沖縄相撲の選手団とモンゴル相撲の交流試合も興味が尽きなかったが、やはり競馬が圧巻だった。

遠い地平線の彼方から、土煙を上げて数十頭の馬が真っ直ぐに見物席の前を駆け抜ける。直線距離で二十キロ。国内GIレースで最も距離の長い天皇賞が三・二キロであることを考えると、スケールの大きさが痛感される。騎手はすべて子供。大人では馬がもたないからである。

五・〇の視力を持つというモンゴルの父親たちは、はるか遠くを凝視して、先頭はどこの誰だと大騒ぎしている。私たちの目に入るのはわずかな土煙ばかりである。

しばらくすると数十人の小学生諸君が愛馬とともに一丸となってゴールに飛び込む。我が国ならテレビゲームに興ずるような、年端もいかない子どもたちが自由に馬を操って二十キロを駆ける。そのさっそうとした小学生軍団へ、我が観光団は持参したあれこれの品を賞品として与える。

愕然としたのはその直後。賞品をもらった子どもは少し離れた所で待機している親のところへ駆けつけてそれを渡す。親の方は、もっと貰っておいでと子どもをけしかける。言われた子どもは観光団の所へ馬を返し、また商品を受け取る。

係は、ごったがえしているために賞品をすでに与えた子と、まだの子の見分けがつかない。差し出す手に次々と渡している。それをいいことに子どもたちは三回も四回も親のもとへ商品を運ぶ。物に執着せず、物を蓄積することに価値を認めないはずの遊牧の民の世界に「物社会」から大勢の人間が土足で入り込み、安っぽい価値をふりまいてしまったのではないか。

遊牧の民がテレビや洗濯機、冷蔵庫だのを必要とするようになれば、身動きがとれず遊牧は成り立たなくなる。品物をねだり続ける子どもたちから、その兆しが見えるようにも感じられた。

そういえば、ゲルの前にトラックや乗用車が駐車されているのも目にした。馬の背では運べぬ家財が増えたのだろう。忍び寄る遊牧の価値観の崩壊。

中国領土に取り込まれた「内モンゴル」では、中国政府が定住政策をすすめていると聞く。移動式の住居が堅固な建物となり、草原は耕作地へと姿を変える。モンゴル遊牧の南限ラインは、どんどん北上しているという。かつてのソ連もまたモンゴルの一部を自国領土に取り込んだ。今、ロシア領となっている彼の地のモンゴルの人々は果たして遊牧生活を続けているのだろうか。

生きる為に必要なもの以外は身近に置かず、何も蓄積することなく生を終える遊牧の民。その生活と価値観が消滅へと向かうことは寂しい限りだが、これは「物社会」に生きる私たちの身勝手な感傷なのだろうか。

草原の国　モンゴル

モンゴルアラカルト

〈モンゴルの郵便配達〉

遊牧民は際限なく移動するのではなく、それぞれが特定の区域内で、いわばぐるぐる回っているのだという。一定の期間が経過すると草はまたはえる。草が無くなると移動して、生えそろった頃にスタート地点へ戻って来る。こうして同じコースを大きくはずすことなく移動を繰り返す。だから、親戚や友人は時節によって今頃はどのへんに住んでいるだろうと見当をつける。郵便も同じだという。街の場合よりは幾分時間はかかるが配達は可能ということである。

〈無茶苦茶にとばす車〉

レースカーのような速度で走っていた私達のジープ。運転手が、なぜか前を行くバスを追い抜こうと決意したらしく、さらにスピードアップする。道といってもかすかなわだちが見えるだけであるが、広大な草原だから、そこを外れても危険はない。衝突や転落の心配がないので車はとんでもないデコボコの草地でも無茶苦茶な速度で疾走することになる。乗客は、まるで作動中の洗濯機の中に入っているようなものだ。運転手は私たちの苦痛にはまったく頓着することなくアクセルを踏み続ける。

そのうちにとうとうエンジンが停止してしまった。ボンネットを開けてみると、バッテリーが所定の場所から外れ、何と上下逆さまになってエンジンルームに落ち込んでいるではないか。

運転手は手慣れた手つきでこれを取り付けると、何事もなかったように、走り去ったバスを再び追い続ける。

〈分断された民族〉

モンゴル遊牧民の祖先はかつて中国を支配し、さらに全ユーラシア大陸も傘下に収めんばかりの勢いで世界を席巻した。彼らが二度にわたって鎌倉政権を震撼させたことは歴史の本やテレビドラマでもお馴染みだ。だが、近世のモンゴルは逆に中国に支配され、これに抗して独立実現を援助したはずのソ連もまた従属を強制した。

このような歴史の置きみやげで、今、独立国を形成しているのはモンゴル民族が居住する地域の真ん中部分だけである。南は中国、そして北はロシアの領土に組み込まれ、外国人になってしまった同胞の方が多くの人口を占めている。

〈二つの悲劇〉

県内の新聞でも最近モンゴルに関する二つの悲劇が報じられた。マンホールチルドレンと家畜の大量死。

社会主義が崩壊し、親が失職したために子どもたちが放り出され、行き場を無くした彼らが暖を求めてマンホールの中で生活するようになったと報じている。草原を捨てて近づいた遊牧民を文明の方が拒絶している。

牧草の生長不良、早い時期からの豪雪、氷点下五十度の酷寒などにより遊牧民の生命綱である家畜が大量に死んでしまったという。二十万人余もの遊牧民が飢餓に直面しているとの続報。自然もまた遊牧の民に容赦がない。将来は極めて厳しい。だがやはりモンゴル遊牧の継続、発展を期待したい。

モンゴルのマイーホム「ゲル」

モンゴルでは全てのものが草原にある。村や街はもちろん、空港までが草原のただ中だ。国全体が草原なのだ。モンゴルは草原そのものである。

モンゴル国の南部——ゴビ地域(「ゴビ砂漠」の名はわれわれ日本人にもよく知られている。その南は同じモンゴル人の住む中国「内モンゴル」へと続く)の者が東京へ来て初めてビル群を目にした時、ここは「まるで北部のようだ」と感嘆したという。ゴビ地域は砂漠といわれているように、それこそ土地の盛り上がりなどまったくない真平らな草原が果てしなく広がる。

ツアーは、二コースに分かれた。ホジルト、カラコルムコースを選んだ私たちは北部モンゴルを観ることになった。
この地域は、ゆるやかな起伏が斜面を形勢する。山とも丘とも見える地形が重なり、同じ風景が果てしなく続く。ゴビの人々は、この起伏と東京のビル群を同じに見たのである。だがこれらの起伏は延々とひろがる大草原にわずかに変化を感じさせるものでしかない。ここも見渡す限り緑が支配していることにかわりはない。その起伏すらゴビ地方の者にとっては東京のビルと同じに感ずるのだ。ビルの谷間を泳ぐ日常を暮らすわれわれからすると、ゴビビトの東京実感がぴんとこない。ゴビはさほど起伏のない大平原なのだ。

南部も北部も同じことだがモンゴルビトはこの平原の中で馬を飼ってなりわいをたてている。馬を飼うといっても、子どもたちが草刈りの手伝いをやる――というような、われわれのイメージは通用しない。

地平線の見える大草原で馬たちは何十頭、何百頭と大集団をつくって食事に精を出し、駆け回っている。ちなみにモンゴルの牧童らは五百頭の馬の中から二〜三頭がいなくなっても、そのことにすぐに気付くという。それも、「三頭少ない」――という気付き方ではない。どの馬がいないのか具体的にわかるという。十キロも先を駆ける馬の姿をみわける彼等の視力は四・〇とも五・〇ともいわれている。

草を食い尽くすと他へ移動しなければならない。十頭や二十頭ではない。数百頭の馬の食事を十分に提供できる草地が必要なのだ。かくして人々は、馬の大群と共に移動して生活の場を幾度も変えなければならないということになる。

遊牧の民と農耕民族とでは日々の生き方が根本から異なる。大地に鍬を入れ、作物を育てて生きるものは、その場に留まらなければならない。動き回っていては農作物を注意深く育てることはできないし、豊かな収穫を実現することはかなわない。定住が生きる基本条件となる。農耕が会社勤めに変わっても、そのことは基本的に変わりはない。留まるという生活形態では、生活の中核となる住居が何よりも重要だ。せっせと稼ぎ、りっぱな家を獲得することに誰もがしのぎを削る。だが、遊牧の民にとって何の役にもたたないどころか、じゃまな存在でしかない。馬たちが草を食べ尽くすたびに移動するには短時間に組み立てられて、すぐに撤去できる住居が必要だ。持ち運びのできる「家」でなければならない。

モンゴル人は、この自らの生活に最適な「家」を発明した。ゲル。ごく短時間での組み立て・撤去が可能な円形テントハウス。中国の「内モンゴル」では「包（パオ）」という。かつてモンゴルとソ連の間に「トゥバ」という国があった。今やロシアに併合されたこの国では、このテントハウスを「ユルタ」とよんだ。ロシア人が「ユルタ」と言う時それは吐き出すように発音され、トゥバ人蔑視の象徴とされたという。だが、このハウスはテントといってもけっして使い捨てのインスタントではない。幾度も幾度も片づけては組み立てるこの家は、半永久的に所有者のマイホームとして活躍する。

宿泊したゲルで、その構造に関してひとりあきずに眺めていた。二本の柱が天井部分の輪になった骨格を支える。アコーディオンのように伸び縮みする、板を格子状に組んだ壁材を目一杯引き伸ばして柱をぐるりと取り囲む。柱で支えた天井の「輪」と、この壁を放射状に伸びる無数の棒でつなぐ。中から見上げると、まるで全開した巨大な唐傘を見るようで圧巻だ。この骨組みを外は羊皮でスッポリと包み、間に防寒用の材料を挟み内側は布で覆う。これらの「資材」が、いわばキッドになっている。取りこわして各部分にばらせば運ぶのは簡単だ。撤去、組み立てもすぐに終わる。熟練した男性が二〜三人もおれば一時間を要しない。

窓はない。だが、天井の輪にかぶせたカバーはひもを引いて開け閉めできるようになっていて、開けると、昼は陽光を呼び込み、夜は星空を仰ぐことができる。雨の日にはカバーを閉めてこれをシャットアウトする。雨漏りなどはまったくない。柱や天井の輪、放射状に伸びる無数の棒は赤を基調としたカラフルな装いで実に楽しい。無駄な部分が皆無の、シンプルな構造美がみごとである。「天窓」があったとしても。通風がないと内部の空気がよどんで健康にも悪い。何か方法があるのだろうかと疑問に思っていたら、住人が外で馬の世話で立ち働いている間は「裾」をまくりあげ、すけすけになった足元を快い風が通りすぎる。ロングスカートの裾を持ち上げて風を入れて暑さをしのぐ女性のようで面白い。

ゲルは実に不思議な「建造物」である。そのサイズが際限のない程無数なのだ。必要に応じていかような規模のものもつくることができる。私達の宿泊所となったところはいずれも数名用。ところがレストランなどは百人は収容可能な大きなゲルだ。

レストランで驚いていた私達は、最後にどぎもをぬかれることになる。最終日、「レストランシアター」に案内された。「最後の晩餐」だ。旅行社がショーつきの豪華な送別の宴を開いてくれたのだが、このシアターが、これまたゲルで、その巨大さに仰天したのだ。大きなテントというだけならサーカスへ行けばお目にかかれる。この巨大ゲルが面白いのはその構造が「プチゲル」と寸分も違わないことだ。相違は天井の輪とそれを支える柱が相応に大きいことと、柱の数が数本に増えていることくらいである。全くの相似形なのだ。この、ごく簡単な構造でいかような大きさのテント造りも可能なのである。

五泊の旅で、三泊は首都ウランバートルの外国人用ホテル。あとの二泊が西へ一時間程飛んで着いたホジルトのツーリストゲルでの宿泊であった。観光に力を入れるようになった最近、モンゴルでは、あちらこちらにツーリストゲルが出現している。広場（ここも当然草原である。）にいくつものゲルを建てて、主に外国観光客の宿泊所にしている。コテージ形式のリゾートといったところ。宿泊地についた時、ゲル群を目にして「こんな所へ泊めるのか！」と怒りだした客がいた。ゲルでの起居が目玉であったはずのこのツアーに一体何を期待したのだろうか。モンゴル行きを心待ちにしていた私の親しい友人はゲルでの宿泊が組まれていることを知って旅立ちをあきらめた。逆に私は、これがあったのでツアー参加に踏み切った。

私達が宿泊したゲルは4人用であった。小さな入口をくぐると中心にストーブがあり、そのエントツが天窓へ抜ける。湾曲した周囲の壁に添って四つのベッドが置かれ、それぞれの頭の側に手荷物を入れる木製の箱が取り付けられている。丸い壁に抱かれるように横たわると、それまで経験したことのない不思議な安堵感が身を包む。ベッドから降りるとそこは大地。大地と丸い壁に包まれた安心感。見上げる視線の彼方には、開いた「天窓」から手をのばせばつかめそうな群星が降りそそぐ。

日常からの離脱——旅そのものがもつこの不可思議な解放感。ゲルでの休息は加えて心身の浮遊感すら覚える。天地に包まれた絶対安心の存在感。中国語の「包（パオ）」は実に言いえて妙だ。

快い時間に身をまかせていると、初めての経験なのに、なぜか懐かしい、昔俺はここにいたゾ！この世界はいつかみたゾ！——といった奇妙な感覚に捕らわれる。これがいわれている「既視感」であろうか。ここは何かに似ているゾ！という思いも記憶の底から頭をもたげる。思い

小学生の女の子も自由に馬をあやつる

あたったのが、我が沖縄の亀甲墓。小さな入口を身を縮めて入ると中は意外と広く、妙な安心感が身を包む。外に出るのがもったいないような居心地の良さ。この居心地の良さは、亀甲墓のいわれのとおり、母の体内へ戻ったような絶対的な安心感によるものなのか。

不眠症気味の私がゲルのベッドでぐっすりと眠れたことが不思議であった。二日間の熟睡は、きっと胎児の眠りであったのだろう。

「負の記念碑」――アユタヤの「首無し仏像」群

「何だこれは!?」

――アユタヤの「首無し仏像」群をまえにして、愕然と立ち尽くしていた。

アユタヤ。その昔王朝として栄え、数々の遺跡が今も残るタイの古都。日本でいえば、京都・奈良、沖縄ならさしずめ首里・浦添といったところ。日本人町跡があり、かの山田長政が当時の王朝の最高官位まで上りつめたのも、ここアユタヤである。タイの首都バンコックを二分するチャオプラヤ川添いに北へ遡行。バスで約一時間。

今にもすべてが崩れ落ちそうな、壁や柱。屋根はすでになくレンガ積みの跡が、かつて大広間であったろうと想像させるその場所に仏像がズラリと鎮座している。居並ぶ石造りの像は、一体の例外もなく、それこそすべてが「首無し仏像」である。頭部が切り取られているのだ。よく見ると腕がないのや胴体がへそのところから真一文字に切り離されている像もある。頭を切り落とされ、腕を切られ、胴を切られてもなお微動だにせず自らの居場所に正座している。異様な迫力が周囲を圧倒する。

温かい慈悲の心で人間社会を見守っている——という、私たちの仏像についての常識的なイメージとは遠くかけ離れた光景である。異常なまでの「不屈」の意志をアピールしているように感じられる。

四体や五体ではない。何十体、いや、遺跡を歩き回っているとあちらにも、こちらにも同じような「首無し仏像」の列があり、総勢百体は優に越えそうだ。ワット・プラ・マハ・タート（プラ・マハ・タート寺）。一三七四年建造。当時の王朝の王家菩提寺。

ドロボーが切り取って「アンティーク」に売り払い、今はこのような状態になっている。——現地ガイドは説明する。しかし、これが個人の仕業でないことはすぐにわかる。個人の行為であるならば切られてない像もいくつか残っているはずだが、そのようなものは一体もない。腕だけ切り取っては骨董屋にも売れまい。そもそも盗むならば五体そろった、まるごとの仏像の方がはるかに高く売れるはずだ。幾人ものドロボーが、さまざまな方法で切り取った跡ではなく切り口は一定しており、しかるべき道具を用いて集団の力で一斉に、組織的になされたものであることが容易に推察できる。

イスラムだ！　とすぐに私は思った。ネパールの寺で同じような首無し仏像に出合ったことを思い出していた。彼の地の歴史に詳しい同行のA氏は、イスラム教徒の支配が及んだときに、一神教で、偶像崇拝を嫌悪する彼らが、いくつもある仏像をことごとく断首した、と解説していた。その時に見ることができたのは二体か三体の像であった。ここアユタヤの遺跡には百体も整列している。ネパールでは断首仏像の標本を見たにすぎなかった。今、その「宗教戦争」の実態を見る思いで息をのむ。

ところが、帰国後文献で確認すべくあれこれ渉猟するも、イスラムの行為であるとの記述はない。どの文献も一七六七年ビルマに攻め滅ぼされたさいに、寺院仏閣も徹底的に破壊されたと記述している。仏像も皆切断されて周辺に転がされた。

後になって遺跡を整備する過程で、仏像は切られた姿のままもとの場所へ設置された。

これらの仏像群は、タイの輝かしい歴史を記念するモニュメントではない。屈辱の歴史、過酷な経験を物語るものでしかない。いわば「負の祈念碑」である。それにもかかわらずズタズタに切り刻まれた、すさまじい姿の無数の仏像を廃棄することなく、衆目にさらしているのは何故なのか。

ビルマの蛮行を後々まで忘れまいとするタイ国民の怨念を示しているのだろうし、また、侵略許すまじの決意を子や孫へいつまでも継承しようということでもあるだろう。

「負の祈念碑」――残すべきか、それとも跡かたも無く廃棄すべきだろうか。

数年まえ、ここが日本軍国主義による朝鮮支配の牙城であったか、と韓国ソウル市のど真中にある博物館を複雑な思いで見学していた。かつての「朝鮮総督府」である。韓国の世論を二分した議論の末、このけんろうな建築物は私たちが訪れた翌年の夏に爆破された。日本による植民地支配の象徴的存在は抹消しようというのである。韓国国民のプライドが、そのような屈辱の歴史を日々目にすることを良としなかったのである。爆破されたのが屋根のドーム部分だけという話も聞き込んでいたので、この原稿を書いている途中確認した。電話に出た韓国大使館の女性職員は、質問途中の私の言葉をさぎった。ハングルを流暢な日本語に変えて「あの建物はもう無いですよ！」と、強い調子で言う。「爆破したんですよね」という私の確認に「そうです！」と、答える彼女の声は、こちらへの怒気があらわだ。「建物のすべてを爆破したのでしょうか」と、くい下がると「あたりまえだ！」と言わんばかりに「そうです！　あの建物はもうありません！」と繰り返す。日本人の質問に答えること自体がはらだたしいといった気配である。強く叱責された子供のようにはなじろむ思いで電話を切った。韓国国民は、日本による屈辱的な植民地支配、そしてそれと果敢にたたかった世代の同胞の行為を後世に伝える歴史の希有な「証言者」を失った。

米国による沖縄占領支配を示す、県庁構内に建つ「立法院」は残すべきか撤去すべきか結論をみないまま長い期間放置されてきた。県政が保守に変わったことにより、この歴史建造物もまた跡かたも残らぬよう「処理」されるのだろうか。米国の占領支配の跡を県自身の手で消し去ろうというのだろうか。

宮古島でも「負の記念碑」をみることができる。人頭税石。

漲水港を左に見て車を走らせると間もなく荷川取の集落。走り進む海岸通り添いに多くの観光客が足を止めて見学する人頭税石。訪れるまれびとたちは、何かで読んだ、あるいは聞き及んだ知識を総動員して「ああ、これか。かつてこの島では、この石以上の背丈になった人間すべてに税金をかけたのか」と感慨に耽り、その多くは案内板の説明も読まずに車へ戻る。

首里王府のみならず明治政府誕生後に至ってもなお続いた過酷な人頭税。貧の度合いを問わず、人々に一律に課税された。

これら史実の理解を深める上で、この「負の記念碑」の展示は不可欠だ。薩摩、首里王府の二重支配下で始まり、明治政府も受け継いだ住民搾取の惨状、そして自らの力でその廃止を勝ち取った人びとのたたかいを他に広く知らしめ永く後世に伝える記念碑は必要であろう。もっともそれは、史実に基づかない怪しげな「石」の展示ではなく、他にもっと適切な方法があるのではないだろうかと思えてしかたない。

韓国二題

イルボン

中学生くらいの男の子だ。懸命になってこちらに話している。でも、言っていることが分からない。言葉が通じないのだ。そのことを相手に何とか理解させようと、ティーヨーヒサヨーする。開いた手を顔の前でしきりに左右に振る。両手で×をして「おまえの言っていることが分からないんだ」と表示する。

通じないのか、それでも少年はあきらめようとしない。全く躊躇することなく質問を続ける。実は言っていることは、おおよそ見当はつくのだ。この電車はソウルまで行くのか？」と尋ねているらしい。しかし、まくしたてる彼に、ハングルで答えることができないのだ。

ソウルから電車で約一時間、仁川の駅。職場の仲間、野郎だけ五人。ハングルは、それこそ一語も話せずに韓国を歩いている。「オレは英語が話せないんだ」ということを英語で話すことはどうにかできる。しかし、ハングルは全くだめなのだ。

少し離れた席でうたた寝をしているF氏が一語くらいは知っているだろうと、肩をゆさぶって「オイ、『日本人』はどう言うんだ?」と尋ねる。「イルボン」。少年のところへ戻り、自らを指さしながら「イルボン」と叫ぶ。少年は照れくさそうに、それでも大げさな身振りで「何だ、日本人か!」というようなことを言って質問をあきらめた。

その後、この手法で幾度か危機を脱した。「イルボン」——ただこの一言だけで、韓国の旅を何とか無事に終える。

ディスカウントマッチ・イン・ソウル

出発のまえの日、仕事を終えて帰宅すると、すっかりパッキングを終えて玄関脇に置いてあるバッグに真新しいジャンパーがかぶせられている。沖縄では着る機会もないであろうと思えるようなりっぱなものだ。

羽毛布団ならぬ羽毛ジャンパーか。寒い所への旅ということでカミサンが奮発したのである。バッグには手持ちの冬服を詰めてある。一応ジャンパーも入っているのだが、よれよれの、とても防寒には役立ちそうにもないシロモノだ。心配したカミサンが出発前になって新調したのだ。

カミサンの思いの深さに感謝して出発。職場の仲間、野郎だけ五名の韓国ソウルの旅。

韓国三回目のF原氏の案内でフリーに歩き回ろうという気ままな旅だ。外国旅行は初めてだというヤングのS間君も加わっている。

ソウルの中心地に控える南大門市場。平和通りを数倍大きくしたような大「小商店街」。とある皮ジャン屋。皆で入る。確かに皆で入ったと思ったのだが、いつの間にかひとりだけ店内に残され、我が兄弟たちの姿は見えない。仲間と思っていた人影は、どこから忍び寄ったのか韓国ニンセーたち数名。出口を固めているのである。

日本円で六万五千円と言っていた皮ジャンを、こちらの断固拒否で三万五千円まで落としてきた。それでも手持ちの円では足りない。曖昧な態度では「監禁」され続けると思い、試着しているのを脱いで返そうとすると、気のせいか出口のニンセーたちの顔色が変わる。「イクラナラカウ？　シャチョウ？」ときた。「二万」。「ニマンゴセンエン」。攻防が続く。あきらめかけて財布を取り出す。ところが、三万円位は入っていると思っていた中身は一万五千円。ニンセーたち二～三名も薄っぺらな我が財布を覗きこむ。

全財産を確認した彼等のひとりが、「オトモダチカラカリテキナサイ」と言う。やっと解放されて店から出してもらう。しかし、もはや勝負はこちらの勝ちだ。逃げる必要はさらさらない。二～三軒隣の店先でたむろしている我が同胞を発見して「五千円貸してくれ」とSOS。

「戦場」に戻ると、「五千円は借りることができた。二万円で買おう。」と堂々と宣言する。「ニマンサンゼンエン」と、未練がましくまだ言うので、財布を逆さまにして振ってみせる。ついでに、そのまま店を出るジェスチャーをするとついに「OK」。

その夜は、まさに英雄であった。六万五千円の皮ジャンを二万円までせり落とした。この戦果は大きい。仲間たちの尊敬の目が集中する。ところが、この英雄の座は二日ともたなかった。

翌日、T良氏が、このような、何やら恐ろしげなニンセーたちを相手に七万円の皮ジャンを一万円にせり落とした。比べると彼の品が数段上であることが一目でわかる。それだけでなく、T良氏の言うには、別の店で尋ねられたので一万円で買ったと答えたら、同じ品を八千円で売るから買えと言われたのだという。

また、最初は「シャチョウ、イイカイモノシタヨ」と、さも欠損したといわんばかりのしぶい顔をしていた、あの皮ジャンを二万円で売りつけたニンセーたちは、店の前を幾度も行き来するわれわれと顔を合わせる度に嬉しそうな顔付きに変わっていくではないか。

せっかく買ったのだから——ということで「カミサンジャンパー」はホテルの部屋の留守番を言いつけ、皮ジャンにデビューしてもらう。

とりわけ寒かったこの日、皮ジャンは防寒の役割を果たさなかった。ポケットに手をつっこんで肩をすぼめて歩く姿を見て、「それはほんとに皮ジャンかね?」と仲間たちの疑いの言葉がつきささる。次の日、寒いのはこりごりだと思い、「カミサンジャンパー」にかわってもらう。暖かい！

六万五千円だという皮ジャンよりも暖かいこのジャンパーは恐らく七万円はしただろう。改めてカミサンへの感謝の気持ちを強くする。

これだけは確認せねば——と、帰宅後カミサンにジャンパーの値段を尋ねる。尊敬の念を込めた質問にカミサンは、「千五百円」。「バーゲンの衣類を買っていたら、時間バーゲンといって午後三時になったとたんに、さらに値下げになったのですぐ買った。」と、のたもうた。

同行のS間君は、皮かそうでないかはライターの火をちょっとつけてみればすぐにわかる、と教えてくれた。皮ならばすぐに燃えることはないという。ソウルでのディスカウントマッチ——いくつかのゲリラ戦で確かに勝利した。ゲームは面白かった。しかし、皮ジャン戦では勝利した確信がない。まだライターで試してない。ビニールだったらどうなるかも、よく知っているからである。

さまざまなパックツアー

我が「ローマの休日」

災難！　夕暮れのコロッセオ

「ああ、これはコンダクターが、ホテルや車中あるいは下車の際に、しつこいほどに繰り返し忠告していた、あのことなのだ！」と、一瞬ひらめいたそのときに、私の右手はからみつくように伸びてくる女の手を、したたかに打ちすえ、はらいのけていた。

もっとも安全だと思って、考えた末にチョッキの右ポケットへ入れてあったパスポートは、それをしっかり守っていたはずのファスナーが開けられ、地上に落ちんばかりに姿を現していた。間一髪、所持金はおろか「生命より大切な」パスポートが奪い取られるところであった。

「ジプシー」に金品を盗られないように！　――コンダクターは旅の初めからいくども同じ忠告を繰り返していた。何事も起こらない間は、「ジプシー」を犯罪者と決めつけた言い方がいかにもおおげさで、差別的な態度にみえて気になった。

またか――と思いながら聞いていた彼女の忠告どおりの事件がわが身に起こったのだ。

フリータイムになったときに、今一度じっくりと見たいところは、やはりコロッセオ（古代円形闘技場――コロッセウムと日本のガイドブックには載っている）であった。さっきは時間がないという、パックツアーつきものの事情で、外から「玄関」をチラッとながめただけであった。奴隷同士を死闘させ、あるいは奴隷とライオンをたたかわせて、貴族どもがポップコーンをほおばりながらこれを眺めたという、人類史上のまぎれもない事実。その現場に身を置く経験は、この旅の大きな成果の一つとなるはずであった。

コロッセオに引き返し、周囲をじっくりとみて中へ入り、「スパルタクス」の恐怖と決意に思いをはせよう。仲間数人だけで、夕暮れの迫る心細さをおして再びコロッセオに足を向けたのはこんなことを考えてのことであった。

それはコンダクターがしつこく説明したとおりに展開した。三十代と思われる女性が赤ちゃんを抱いて立っている（コンダクターの話によれば自分の子供ではなく商売用に借りてきた赤ちゃんだという）。彼女のそばには十二〜十三歳のこれまた女の子がもうひとり立っている。グループからひとり離れて先を歩いていた私に彼女らが近づいてきたのは、まったく突然のことであった。

イタリア語の新聞を大きく広げて、ふたりで何やら叫びながら近づいて来る。何事だ！　と思い（そう思わせるのが彼女らの手なのである）私の耳や目や意識は彼女ら、とりわけ広げた新聞へ吸い寄せられる。二人がかり（三人がかり？）で、猛然とつっかかってくる。その態度は、例えば「お前さんが、あんなこと言うから私たちがほれ、こんな風に書かれたじゃないのさ！　みてよ！　この記事！」と抗議でもしているような調子である。こびた表情などはない。正々堂々としている。当然の権利を行使している、といったような態度だ。しかもこちらの身体に触れんばかりに、どんどん近づいてくるではないか。

「何だ？　何だ！」「ノー！　ノー！」「来るなくるな！」「あっち行け！」「近寄るな！」――こちらがあらん限りの言葉で怒鳴っても、まったくおかまいなし。日本語が通じないからではない。敵がどう出ようが、断固目的を果たそうというのである。

彼女たちの狙いどおり、広げた新聞に隠れてよく見えないのだが、女の手が伸びてきたことを直感したとき、同時にコンダクターの言葉が頭をよぎる。「殴ってもいいから相手を引き離せ！」一瞬私の右手は彼女の手をしたたかに打ちすえ、払いのけていた。ジプシー！　この瞬時のひらめきがパスポートを守った。

「ジプシー」

ギターの激しいリズムに合わせて、力強く大地を蹴り、踏み固め、身をよじるフラメンコの踊り。あふれ出る情熱を必死になって抑え、あるいは抑えられずに激しい動きとなってほとばしる。ロングスカートを基調とした派手な衣装が踊り手の情熱をことさらに強調し、見る者を圧倒する。抵抗を抑圧され、言葉を奪われた民衆が、残された手段である音楽とダンスで、地団駄踏むように怒りをぶつけるフラメンコ。——付け焼き刃の私の解説に、フラメンコギターをやっている親しい友人が一言付け加えた。「民衆一般ではなく、シプジー」。

定住の地が無くヨーロッパ中を放浪し、行く先々でその社会に受け入れられず、抑圧され追放され続けた流浪の民。それでも社会の最下層でどっこい力強く生きてきたジプシー。その生きざまをフラメンコがストレートに伝える。

世の多数派にのみ込まれることなくマイノリティーであるがゆえに貴重な存在として自らを主張する彼らの姿は私たちリュウキュウビトの歴史と存在にも通ずる。近親感を覚えていたジプシーであったが、暮れなずむ巨大なコロッセオの前の被害体験によって、その存在がそれほど単純なものではないことを思いしらされる。

イタリアの（あるいはヨーロッパの他の国でも同じかもしれない）観光地のいたるところへジプシーは出没する。もちろん観光客（最近、この言葉は「日本人」と同じ意味をもちつつある）のフトコロを狙って。

「ポートピープルが立ち入ることは厳しく禁止して取り締まる一方、ジプシーは野放しだ！」――現地の国籍を有するという日本人ガイドは憤慨して警察を避難する。イタリアは観光立国である。

世界中の人が出入りする観光地では被害を未然に防ぐために制服姿の警察官が歩行やパトカーで終始パトロールを続けている。黒と赤のマントをはおったいきな騎馬警官もいて、こちらの方はかっこうな観光資源ともなっている。だが、彼らはイタリアに外貨をもたらす外国人のフトコロを狙ってジプシーが連日出没することを十二分に知り尽くしていながら、彼らに限って取り締まらないのだという。

私は襲った女スリ（スリというよりもかっぱらいだ）たちも、ツアーコンダクターの指摘と、すんぶん違わない「三人組」で現れ、説明どおりの方法でポケットの中身を奪い取ろうとした。そのありさまは世界に知れ渡っているということになるが警察の強権は発動されず被害に遭わないよう自警を強要される。

「いつの間にかジプシーが隊列の中に紛れ込みバスの中まで乗り込んでいたことがあった」

――現地ガイドは、絶対にそのようなことがないようにと、かつての経験をおおげさな身振り手振りで語る。ガイドにとってジプシーはドロボーの代名詞となっている。

ジプシーはその起源をインド北部に発するという。迫害を受け、追放され、ヨーロッパ中を流浪する彼らは内婚により血を保ち、他の社会に合流することなく、またユダヤの民と異なり、父祖の地を求めることもしない。もちろんイタリアの観光地のスリやかっぱらいがすべてジプシーということもないだろうし、ジプシーの中には賢者も少なくないだろう。

だがガイドをしてドロボーの代名詞のごとく言わしている現実を、他のジプシーたちはどう受けとめているのだろうか。

かつて「さまよえる琉球人」が東京で詐欺を働いたと小説化した作家に厳しく抗議した我が先輩たちの気持ちと重なり、思いはぐるぐるかけ回る。警察が取り締まらないのはこれまでさんざん迫害し彼らの社会参加を拒み続けてきた公のうしろめたさゆえかもしれない。

「文化の地層」がみえるローマ

十四時間近くの飛行を終えてわが家に帰り着いた時はだいぶ夜もふけていたのだが、旅をふりかえりたくて「ローマの休日」のビデオを取り出しテレビにかける。妖精ヘップバーンがローマ中をはじけるように駆け回るこの名作を何年かぶりに目にして驚いたことが二つあった。

一つは、何と他愛のない内容なのかと痛感したこと。こんな映画に幾度も感動したことが不思議だ。十何回も繰り返しみて、そのたび胸躍らせた自分の、その感性が完全に消え失せている。青春まっ盛り、「ぼくの王女さま」が、いつか現れるだろうとの期待が、いやがうえにも女性を神秘的な存在にしていた。

女性がけして神秘などでないことを知った大人になった今、そして今は亡きヘップバーンが晩年に幽霊の役をやっていたことも思い出し、メルヘンの世界に遊ぶことができなくなっている。「人生を卒業しつつあるな」と、自らのたそがれを感じたのである。

二つめに痛感したことはローマが全く変わっていないこと。この映画が封切られたのは一九五三年。それからすでに四五年が経過している。だがブラウン管に登場する建築物、下町のたたずまい、タクシーが往来する道路などすべてがつい先日みたのと変わりがない。

ヘップバーンがアイスクリームを食べる「スペイン階段」。バイクで走り回る背景に迫る「コロッセオ」。世界中の観光客が真似するようになった、あの驚きの表情を誘う「真実の口」。四五年経過した今も次々展開する映画の場面がどこなのかすぐに見当が着く。

外国に住みつくようになったウチナーンチュが四五年ぶりに帰沖して「那覇の街は変わらないな」と感ずることがありうるだろうか。石垣の街の場合はどうだろうか。

ローマでも現代人が古代遺跡に住んでいるわけではない。イタリアの首都としての機能を果たすには現代の建築物も不可欠だ。実際、いたるところにその姿をみることもできる。だが、この都市は新たな建設のために古いのを取り壊すことをしない。コロッセオは紀元七五年の創建である。二一世紀を迎えようとする現代、千九百年余を経てわれわれの目の前に実在の「建物」としてその威容を誇る。

フォルトーナ・ウィリーレ神殿。車や人々の行き交う目抜き通りのすぐわきに無造作に建つ、この何本もの円柱に支えられる神殿は実に紀元前の創建だ。すぐ近くには円形劇場の遺跡が同じように大通りのわきに鎮座している。これまた紀元前の建物なのだ。

ローマでは、古代から連綿と続く歴史のさまざまな文化が、具体的に目に見える形となって現存する。単に建物だけでなくその他の美術品等についても言えることである。ルネッサンスの、あの怒濤の人間賛歌を今に見るのは、その発生の地であるフィレンチェにゆずるとしても、例えばミケランジェロの設計になる世界最大の教会、ヴァチカンのサン・ピエトロ大聖堂、その内部の絵画彫像等も確かに果てしない人類の歴史を感じさせる。

ローマは街自体が、いわば「文化の地層」といえる。重層的な歴史の複合性を直接私たちにみせてくれる。観光客のフトコロを狙う悲しいジプシーの存在も、虐げ続けられた彼らの、長い「歴史の地層」の最表層の姿を示しているといえるのかもしれない。

ピラミッド造りは奴隷労働ではなかった?

「ほらほら、南さんここですよ。犯人グループは向こうから銃撃してきて、この辺で新婚旅行の日本人カップルが撃たれて死んだんですよ」——娘たちはまるで現場に居合わせたように詳しく、具体的に「反政府ゲリラ銃撃事件」について説明した。

娘たちといってもわが子ではない。ツアーメンバーとして知り合った娘ほどの年齢の「ミヤラビ」たちだ。

ルクソールの街をスタートしたバスはナイルを遡行して南へ向かう。パトシェプスト女王葬祭殿に到着したとたん彼女たちは解説を始めたのであった。

ツアーメンバーは五人と超少人数。コンダクターを入れて六人。現地へ着くとガイドが加わり七人の旅。カイロ↓ルクソール↓アスワン、そして日帰りのアブシンベル行きとエジプトを南下する。娘たちは行く先々でガイドも知らない、あるいは知っていても話そうとしないような得難い情報を提供してくれる。

旅の予習としてエジプト考古学者吉村作治の本をほとんど読破したのだという。帰国した後、半年ほども旅先の関連文献を読みあさるくせはあるが、「予習」はまったくやらない私にとって娘達の知識は驚きであった。

数年前エジプトの反政府ゲリラによる観光客をターゲットにした銃撃事件が繰り返され、日本のマスコミでもセンセーショナルに報道された。観光バスが襲撃され、観光地に集まった観光客も狙われた。

ほとぼりがさめた時期で、もう大丈夫だろうと思って念願のピラミッド見学を実行した。行く先々の観光地で機関銃を手にした武装兵たちがたむろしている。三三、五五座り込んでおしゃべりなどしていて緊迫感はない。一体何を守っているんだ!?という私の問いに現地ガイドのミスIは、「皆さんを守っているのですよ」と言う。旅の「本番」になるとゲリラの観光客襲撃のことをすっかり忘れていた。

ガイドの言葉で「事件」を思い出した私はルクソールのカルナック神殿に着いた時「ここですか、銃撃戦があったのは」と、エジプト美人のガイドに見当違いのことを尋ねた。彼女は「違います」と素っ気なく答えたが、それっきり説明はない。このことに触れられるのをいやがっているように思われた。わが「ミヤラビ」たちは、私とガイドのこのやりとりを聞いていて、「現場」に着いた時にすぐ解説してくれたのだった。

カイロからナイルを遡行すること三七五キロメートル。やはりナイル川沿いにルクソールの街がある。ナイルを挟んで東側は「生者の都」。こちらは近代的な高層ビルの建ち並ぶ市街地だが、川向こう西方は「死者の都」と称され、ラムセス二世、ツタンカーメンといったファラオ（王）たちの墓が横たわる。

ナイルにかかる橋を渡り、その「王家の谷」へ向かう。川沿いの緑したたる耕作地帯はすぐにとぎれ、不毛な砂漠が現れる。こんな所も砂漠と呼ぶのだろうか。地平線が見える平原ではなく、山々の稜線が見えるのだが、その「山」には木はもちろん草の一本も生えていない。さらさらと乾いた、土とも砂ともつかない茶色の地表が高みを見せる。

やはり「砂漠」としかいいようがない。緑地帯を抜けたバスは右折し、斜面に続く稜線を左にみて奥地へと進む。回り込んだ山々の谷に短い生涯を閉じた青年ファラオ＝ツタンカーメンの墓も世界中の観光客を待ち受けている。人間の住む場所としてはどう見ても最悪の条件下にあると思われる途中の斜面に何軒かの民家が小さな集落をつくっている。山肌にへばりつくように住宅が肩を寄せ合っている。ほんの少しだけナイル川方向へ寄れば緑の農耕地で、住まう場所としても条件ははるかにいい。

なぜわざわざこんなところに家を建てているのだ—と、ガイドのミスＩに尋ねる。彼女の返事は耕作可能な所は少しでも畑にする必要があるので住居はここに建てている、というものであった。河畔の緑地帯にも結構家が建っている。ガイドの説明はどうも納得いかないまま「そうなのか」と無理に思いこんでいた。

「南さん、これはきっと盗掘村ですよ！」娘たちが大発見したような声を出したのは帰路のバスが再び「集落」の前を通過した時であった。吉村作治の本に書いてあったのだと言う。この周辺では今も副葬品などを狙った古墓荒らしのグループがいるという。もちろん違法行為である。彼らは「宝」が出そうな場所に住宅まで建て、自宅の床下を掘り返して「宝探し」をしているのだという。しかし、現地ガイドのミスIはこの集落は盗掘村ではないという。盗掘村は確かにあるが、それは「王家の谷」よりもさらに奥地に入ったところだという。

この話はこれだけでは終わらなかった。後日談へ続く。帰国後娘たちは「最近テレビでやっているのを見た。やっぱりあの集落ですよ」と譲らず、自信ありげに「だめ押し」していた。真偽のほどはわからない。ともあれエジプトのことは何でも知っている娘たちであった。

窓外にピラミッドのシルエットを見てバスがカイロ郊外のギザ地区を走っている時であった。娘たちが「ピラミッドは奴隷が造ったのではないという説もありますよ」ということを言い出した。

私は驚いて「なぬ！」と、つい一人うなっていた。「王家の紋章」というエジプトプリンスの波瀾万丈のドラマを描いた少女まんがが日本でヒットしている。超長編だがロングランで売れているという話を彼女たちから聞かされていた私は、その中にピラミッド造りの物語もあるのかと少々気になった。

ピラミッドが奴隷労働によってできたものだということは歴史の、いわば常識である。架空のシンデレラ物語がどのようなドラマ展開となろうがかまわないが、現実に目のまえにデン！と鎮座している巨大な石造の古代遺跡、人類史の謎とされているピラミッドの誕生について、いいかげんな説を流布されては、ちと問題だ。エジプト好きな彼女たちならばなおのこと見当違いの理解をしてもらうと困る——と私は思ったのである。

昼食後、ゆっくりと話ができそうな時を待って、「さっきの話だけどね」と彼女たちに私の方からピラミッド造りのことを話題にしたのだった。

娘たちはファラオ（王）が領民たちを救うために、いわば失業対策事業としてピラミッドを建造したのだという。労賃をもらいたい者のみが参加した自由労働によってこの巨大建造物ができたというのが彼女たちの紹介する「説」であった。

作業に参加しなければむち打たれ、時に殺されるという奴隷労働、それも国中の奴隷を集め、長時間をかけた強制労働によらなければあの時代にこのような建造物を造り上げることは不可能である。

そのことを指摘すると娘たちは小さくうなずいていた。納得したと私は思った。

娘たちはまた、博物館が大好きだと言った。移すことなく、元の場所に残っている遺跡は当時の状況がさまざまに想像され、イメージは限りなくふくらむ。気持ちはいにしえに誘われロマンの世界に遊ぶことができる。だが、これらを元々あった場所から移すとなると私はすっかり興ざめしてしまう。ましてや屋内に所狭しと置き並べられた「博物」を見せつけられるのはげっぷが出る思いでいただけない。

この旅の「目玉」の一つであった、カイロ市にある、あのエジプト考古学博物館見学でも、世界中から集まった観光客に混じって長時間ミスIのガイドを聞かされていると息苦しさを覚え、ツタンカーメンの黄金の仮面もロゼッタストーンのレプリカも、王たちのミイラももういい、早く出たいという思いにかられるのであった。だが、ここでも娘たちは非常に熱心に説明を聞き、質問を繰り返していた。

帰国後の交流会で娘たちは博物館が大好きだと「自己紹介」した。よくもあんなところに一時間も二時間もおれるものだ、との私の言葉に娘たちは「一日中でもいたい」という。不思議に思う私に「学芸員の資格をもっているのですよ」と「正体」を明らかにしたのであった。

この時点で私は、ピラミッド造りが奴隷労働であることについて博物館学芸員の資格を持つという彼女たちに説教したことが文字通り「釈迦に説法」であったこと、自分の行為がいかにも浅はかであったことに気づくべきであった。だが、この時は、ただ「ほほう！」と感心しただけであった。

エジプトから帰り三〜四カ月が経過した。私の関心は次の旅として計画していたベトナムの方へ移っていた。そんなおりＮＨＫで四大文明の特集が企画され、エジプト文明に関する番組がそのトップバッターとして放映された。

ピラミッド建造がテーマであった。番組ではイギリスの何とかメンデルスゾーンという音楽家のような名前の学者の説を紹介していた。説によると、ピラミッドは何か目的があって造られたのではないという。造ること自体に意味があったのだと。

ナイルの川は毎年七月から十一月までの四カ月間は氾濫を繰り返していた。この時期農耕地は水没する。国中の農民は一時的に農地を失い失業する。王たちは特に目的もないままピラミッドを造らせて農民に給金を支払い、彼らが生活できるようにしたのだという。「そんな馬鹿な！」と思うのだが、最近ピラミッドの周辺でその建造作業に従事したと思われる者たちの墓が発掘されたというのである。

いろいろな出土品の中に建造当時の「出勤簿」のような石版があり、それによって作業員たちが建造作業に自由に出欠していたことが明らかになったのだという。飲みすぎて二日酔いのため

エジプト・ご存知、スフィンクスとギザのピラミット

エジプト・ルクソール「死者の谷」の集落　盗堀村なのか？

欠席、という記述もあるという。つまり、ピラミッドの建造作業はむち打たれて働く奴隷労働によるものではなく、農業できなくなった農民たちが出欠を自ら自由に選択できる状況下で行われた失業対策の公共事業であったというのである。

にわかに首肯しがたいが、そのことはともかく、私は番組をみているうちに愕然とする思いにかられ、「ウリヒャー、でーじなとーっさー!」と寒気をもようしたのである。

エジプトを共に旅した娘たちが言っていたことはこのことなのだ。彼女たちは、この番組が本になっているのをすでに読んでいたのだ! あるいはメンデルスゾーン氏の原著書を読んでいるのかもしれない、ということに気づいたのである。このような有力な説があることを私は番組をみるまで全く承知してなかった。

娘たちはエジプトに関する文献を読み尽くして旅に備えていたのだ。予習嫌いの私は、娘たちが紹介する説を、どこの少女まんがから仕入れてきた知識だ! という思いで一蹴し、博物館学芸員の資格をもつ娘たちにピラミッド建造のイロハを講義したのだった。そのことに気づいた瞬間、私はさすがに全身を悪寒がはしるのを感じていた。釈迦に説法、医者に医学を語り、農民に土を説いていたことを痛感し、きーぶらたっちゃーしたのである。恥ずかしさで身が縮む。

番組を見た後は、私はこの「新事実」について知人、先輩、友人と手当たりしだいに紹介して見解を尋ねて回った。

見解を尋ねて回った。

このような説があることをつゆ知らず恥ずかしい思いに襲われたのだが、それでも説にはどうしても同意できない。ピラミッドが奴隷労働によって建造されたのではないとなると次のような問題にぶつかることになる。古代エジプトには奴隷はいなかった。古代エジプトは奴隷社会ではなかったのだと歴史の定説・常識をくつがえすことになる。

それとも奴隷はいたのだがピラミッド建造に限って奴隷ならぬ自由な農民の自由労働によってなされたのか。そうだとするならば自由農民がピラミッド建造の労働に汗を流していた時、その奴隷たちは一体どこで何をしていたのだろうか。ピラミッド建造よりさらに過酷な労働があってそれは奴隷たちにやらせていたとでもいうのだろうか。農業もできないナイル川氾濫のこの時期にいかなる奴隷労働があったというのか、どう頭を絞っても考えつかない。

見解を尋ねた某先輩との議論。稼働自由、つまり休暇も自由という、ごく普通の賃金労働であのような巨大建造物を、あの時代に建てることは不可能である。それを実現ならしめるには二つの状況しか考えられない。

一つは強制労働、従わねばむち打たれ、時に命を奪われるという場合。他は建造に携わる全ての人間が共同の目的、例えば共通の宗教的意義を実感しつつ、命をかける価値があることに確信をもってなす場合。

ここまでは先輩と私の意見は一致した。だが、前者以外ではありえないと主張する私に対して、わが先輩は後者だと譲らない。古代エジプト社会が下々人民からファラオまで一つの価値観で結ばれた一枚岩の団結社会であったという見解はどうしても納得できない。

娘たちは、ピラミッド建造が失業対策の公共事業であったとの説に賛同するとは言わなかった「そのような説もある」と紹介していたにすぎない。少女マンガで仕入れた知識を流布するんじゃない！　と、浅はかにも即断した、その相手の娘たち、学芸員の資格を有するという娘たちと、今一度徹底的にこの問題について議論しなければならないと思っている。

ＮＨＫの番組の監修者は吉村作治であった。エジプト考古学者は、この問題についてどのような見解をもっているのだろうか。

娘たちとのエジプトの旅は、古代奴隷社会の再検討という、とても私の手には負えないどえらい課題をつきつけたのである。

屋久島山行挫折記

―１９７８年の記録から―

屋久島山行挫折記
―1978年の記録から―

コース計画

第一次計画

初日：宮之浦から直登コースで高塚分岐に出て、同所の小屋で宿泊

二日目：午前中は小屋にリュックを置いたまま〝杉〟のコースを下り、縄文杉、大王杉、ウィルソン株等屋久島の有名な巨杉を見学して再び高塚小屋に引返す。午後、小高塚岳を通過する尾根コースを進み、主峰宮之浦岳をはじめとする安房岳、黒味岳等縦走路に位置するピークを一つずつつぶし、花ノ江河に出て、付近でキャンプ

三日目：花之江河から等高線上を走るトロッコの軌道上を歩き小杉谷にてキャンプ

四日目：荒川を経て安房へ下山

第二次計画

出発直前になってコース計画の一部を変更して次の通りとした。

初日：宮之浦から桶川まで行き、同所から登山道に入る。桶川から三本杉、辻ノ峠を経て小杉谷山荘まで下り、山荘付近でキャンプ

二日目：小杉谷山荘を発ち軌道上を奥に入る。杉を見学しながら高塚分岐に出て、更に小高塚岳、宮之浦岳を経て花ノ江河に出てキャンプ

以下第一次計画コースに同じ。

この計画変更は次のことを考慮してのものであった。

第一点には、宮之浦から高塚分岐への直登コースは一三〇〇メートルの高度差を一気につめる。かなりきつい登りだけになっており、江頭、友寄の二人をうんざりさせることになるだろう。

その点、変更した桶川コースは三本杉、辻ノ峠をピークとして、平たんコースや下りがあり、無理をせず初日の行程をこなすことが出来、変化を楽しみつつ歩くことが出来そうである。

第二点には、高塚分岐から杉を見学して、またもどるためには、ずいぶん高度差のあるコースを行き来することになり、時間的にもムダである。

準備完了

雨とも霧とも、雲とも見分けがつかないヴェールが重くたれ込めた中に、屋久島がぼんやりとその姿を現した。フェリーが近づくにつれ島影はしだいに輪郭を鮮明に

する。しかしそれでも、そびえる山頂は暗いヴェールの中に姿をかくし、不遜にも登頂を試みる者を拒否しているのか。達者な者なら泳いでも渡れそうな至近距離で、左方向に平ぺったく長々横たわる貧相な種子島に比べて、それは何とも雄しく、たけだけしい様相で訪れる者を見下している。まるで後方にえんえんと広がる大地を控えた大陸の一部をなしているかのようである。周囲一三〇キロメートルの小さな島にはどうしても見えない。ヴェールの中に見え隠れする、幾重にもおり重なる山々の稜線は、国境の彼方まで連々と連なる大陸の山塊を思わせる。点在する家々が、濃い緑と、乳白色のしめりの舞台に、広がる海を前にして、訪ねる人々を迎える情景は、何とロマンの香を深々と漂よわせていることか!

静寂を破る汽笛の音を耳にして目の前に現れた桟橋に船を出迎える人々にもざわめきはない。鹿児島でもなく、大島でもなく、どこか遠い遠い、幾夜も船にゆられて今やっとたどりついた——そんな錯覚を覚える地である。鹿児島港から、たった四時間の船旅であった。

八月二八日十二時三十分、降りたつと三人とも重いリュックを背に一刻の猶予も無く歩き出した。

リュックには装備がぎっしりとつめ込まれている。来年の、さる計画の実施に向けてキャンプ用具をワンセットそろえること、その用具を使用してテントの設営、食事、持ち運び、一切を独力で実施してみることも今回の山行の大きな目的の一つであった。

鹿児島出港に先立ち、別の用件で行った福岡で友寄と二人、必要なだけ用具を買いそろえた。まだ持っていなかったシュラーフ、飲事用のガソリンコンロ、ポリタン、ガソリンのつまったコンテナ、メタックス(固形燃料)、万用ナイフ、夏用の登山シャツ、懐中電灯、ランプ。ガイドブックよりも高価な屋久島の地図(五万分の一、等高線二〇メートル間隔)も思いきって購入した。少なからぬ借金による買い物であったが、那覇では手に入らないものばかりであったので無理をした。

物めずらしい品が所狭しと並んでいる登山用具店の楽しい雰囲気がさせたのか、友寄も予定外の品までアレコレ買い求めていた。江頭は最小限必要な品を準備して鹿児島で待っていた。

あとはこの島で山中三泊四日、三人分の食料品を買い求めるだけであった。宮乃浦港の入口を右に折れ、三十メートルほどの坂道を登ると国民宿舎〝やくしま荘〟が海を見下ろすように建っている。予約もしておらず少々心配であったが、宿泊客は少ないらしく案にたがいスンナリとチェックイン。

一息入れ、午後半日を食料品買い込みに費やす。今やスーパーはどこにでもあり、二つの店で全ての食料品を買い求めることができた。

米五キロ、調味料、缶づめ十数個(コンビーフ、さんま、いか、果物等)、のり、ソーセージ、玉ねぎ、キュウリ、ラーメン、お茶づけのり、インスタントコーヒー。意外と大量になり、リュックにおさまるかどうか心配だと話しながら宿に帰る。

これで準備完了。就寝まえにコースの最終確認をすれば明日の出発を待つばかり。夕食後、すっかり余裕のできた三人は、見た目にはわからぬ程ゆったり流れる宮之浦川の河口で、流れにまかせて下る舟遊びとしゃれ込んだ。先刻〝やくしま荘〟のロビーに入ったとたん、「これから屋久島一周をごいっしょしませんか?」と、いきなり呼びかけて友寄をドギマギさせた二人の女の子も偶然同じ舟で、旅談義、登山談義に花を咲かせることになった。友寄、江頭と同じように、小学二年生の子の親である上江洲も妙に上気した楽しい思いで饒舌であった。ピッチリとしまったホットパンツから舟床に投げ出され、スラリと伸びた四本の脚がまぶしかった。

七転八倒の友寄、意外と足の軽い江頭(初日)

八月二九日。山歩き開始の日である。友寄は、六時頃から起き出し何やらゴソゴソやっている。いやにはりきっている。江頭はユーユーと寝床の中。

六時三十分、起床。シャワーで寝汗をとり、〝むすび〟の朝食をほうばる。昨夜、今日の昼食のための〝むすび〟をたのむと、「早発ちするなら朝食も〝むすび〟ですませて下さい」とその日のうちにつくってもらったものである。

日本晴とまではいかなくとも青空が屋久島を昨日より明るくしている。トイレの窓からは水平線上にすっかり高くなってしまった朝日が真赤に燃えている。島の内側、山の方は相変わらず雨雲が頂から中腹にかけてたれこめている。しかし、太陽も輝いている全体の空模様からして、それほど心配することもないだろう。

七時二十分。「やくしま荘」出発。昨日の買い物で二つミスがあったのに気づいたのは就寝直前であった。後で後でと思っているうちにとうとう買いそびれてしまったフィルム。この山行に備えてフィルター三個、広角レンズのケース等も買いそろえて持ってきたのに山を撮るフィルムが無ければ流す汗の意義は半減してしまう。今一つはタバコの買いだめをしていなかったこと。休むたびに一服する楽しみが得られないということはヘビースモーカーの上江洲、江頭にとってはこたえる。気がついた時はすでに夜半で、街に出ても店は閉っている。何とかしなければ！　と思いながら話しあった結論は、この宿所の売店の開く七時過ぎまで待って出発しようということであった。七時前には出発しなければならなかったのだが…。遅いスタートになってしまった。

八時五分、鳥越橋着。登山道に入る桶川までの三・三キロは島のメインストリートであるアスファルト道路を行くことになる。重いリュックと、更に高く上った照りつける太陽がすでに着ている服を汗だくにしていた。

桶川がなかなか現れない。通学途中の女子高校生にきくと、「橋を渡ってしばらく歩きます」という。その「鳥越橋」を渡ったところで地図点検のため、まず第一回目の小休止。荷物がかなり重い。三人ともすでにへばりぎみ。八時十五分出発。

八時三十分、登山道入口（桶川）通過。休まずに前進する。これまでは平たんな道路であったが、これからはいよいよ三本杉まで登り一方のコースになる。七～八分で舗装路が消え、石コロ道に入る。荷が重い。那覇を発つ時かぜ気味であったが、そのための不調は感じられない。上江洲―江頭―友寄の順で進む。二人とも黙々とついてくる。リュックが肩にくい込む。

八時四五分、第二回小休止。水を飲む。屋根歩きの時に備えて水タンクは各人一つずつ持っているが、初日の登りは途中に水場もあり、適当に補給すれば良かったので出発時には上江洲のだけに水を入れる。出発九時。

九時二十分、第三回小休止。友寄が休けいを要求する。友寄、「初経験にしてはちょっときつい計画でしたね」と早々に弱音をはく。江頭は黙って休んでいる。疲れているのか、そうでないのか、どうも見た目にはわからない。登りが急になり、きつくなるのはむしろこれからである。未経験者の二人にとって、やはりこの計画は負担が大きすぎたのかも知れない。もっと小さな山、それもキャンプ用の装備、食料などをかつがなくとも良い山小屋泊りの計画でいくべきであったろう。ともかく休みやすみゆっくりと前進しよう。先頭のペースが早過ぎるとの友寄の意見があり、友寄と上江洲が入れかわることにする。先頭になった友寄には「自分のペースでゆっくり歩いて良い。休みたい時はいつでも声をかけろ」と指示する。出発九時三五分。

九時四五分、第四回小休止。まだ十分しか歩いていないのだが、これからいよいよ杉林の細い道にさしかかる。この十分間は快適な歩行であった。次第に高度をかせぎ、そろそろ下界が見下ろせるようになってきたので歩くのが楽しい。「俺よりスタミナあるじゃないか」と友寄は江頭に。今のところそんな感じを受ける。出発まえ、何よりも心配であったのは江頭のスタミナであった。友寄についてはは日頃那覇空港への五キロのコースをいっしょに走り込んでいて承知済みであった。江頭が全く未知数で、ついて来れるかどうか気がかりであった。途中から一人引返すと言い出すのではないか、と考えたりもした。その彼がわりと健在で、友寄の方があえいでいる。二人のこの状態は下山までずっと続くのだろうか。現在標高二〇〇メートル。これから急登が続く。出発十時十分。歩き出したとたん水場にぶつかる。そろそろ残り少なくなったタンクに水をつぎたす。水場出発十時二十分。

十時三十分、第五回小休止。友寄の疲れが激しい。先頭を行く彼に自主的に休止をとらせることにする。出発十時四五分。

十一時、第六回小休止。江頭もそろそろへばってきたようだ。何も言わないが、表情はけわしい。出発十一時十五分。歩き出すと、どこから出てきたの一羽のキジがついてくる。今度もまた歩き出すとすぐに水場に出る。これまでの小休止中に飲みほして、すっかり底をついてしまったポリタンクを水でいっぱいにする。二〇〇メートルの高度差を一気に登りつめて到達する〝三本杉〟でコーヒを湧かして飲もうと話し合う。水場出発十一時三五分。

十一時四五分、第七回小休止。出発十一時五五分。

十二時五分、第八回小休止。カラフルな姿をしたキジがまだついてくる。面白いことに三人が休むと、奴もまた歩みを止めて先に進もうとしない。一体どこまでついてくるのやら。とどろく雷に伴って足ばやに雨がやってきた。三人ともいそいでリュックにビニールをかぶせる。身体の方は、すでに汗でグショグショだ。今さら雨具に身を包む必要もない。リュックの中には眠るさいの衣服など絶対にぬらしてはならないものが入っている。雨はすぐに去っていった。目の前の谷間ではまだまだザーザー音をたてて降っているのに、こちらはピタリとやんでいる。まるでこちら側には屋根がついていて、外の雨足をながめているかのようだ。このような状態が休んでいる間中続いている。屋久島のカタブイは実に面白い。出発十二時三五分。

十二時五五分、〝三本杉〟到着。ついに到着！　第一関門突破だ！

等高線を直角に切りさいて進む、二〇〇メートルの高度差を一気につめる〝三本杉〟直下のコースは、さすがに十分毎に休むことになったが、それをついに乗り越える。

親しげについてきていたキジ君は、先の休止地点から姿を見せなくなった。満ち足りた気分で山中初めての食事をとる。

パインの小缶
「やくしま荘」でつくってもらった〝むすび〟三個
コンビーフ小缶
のり
食後のコーヒを一杯ずつ。

福岡で買い求めたスウェーデン製のガソリンコンロを初めて使用する。なりは小さいのにモーレツな火音を出しながら、アッという間に湯が沸く。すばらしい用具だ。

でっかい杉が三本でんと突立っている。ここ屋久島にはまだまだ大きいのはいくらでもあるのだろうが、やはりデカイ！

食事がうまい！　友寄、ペロリと〝むすび〟三個をたいらげる。なぜか江頭は半分残す。上江洲も今朝は残してきたが、今、三個の〝むすび〟を食い尽くす。

友寄はすでにこの山行の勝利宣言を連発。「これからもずっと山をやろう」などと言い出す。そういえば、出発時から熱心に続けていた友寄のメモが途中からピタリとやんでしまっている。十分毎の休みでいや気がさしたのか？　彼のメモはいつ復活するのだろうか。

さあ、午後は小杉台山荘まで五キロ余り。出発十四時五五分。

十五時二十分。第九回小休止。しゃらの見晴らし台。〝三本杉〟からここまでは平たんで、変化の多い楽しいコースであった。二重三重に山塊が交錯し、その山々の沢が合流し一つになって勢いを増している。谷底から伸びた巨木がすぐ目の前で更に天を突き刺す。奥の方からは勢いを増した沢の流れの音がいつまでも耳に響く。あっという間に山頂が霧に包まれた。

「マエジマ（那覇市内の飲み屋街）

よりもこういう所がよっぽどいいなあ」と友寄は健康な汗を顔に浮かべながら大自然のすばらしさにため息をついている。出発十五時五〇分。

　十六時十五分、第十回小休止。冷たい水がたっぷり流れる沢との出合。あとわずかで辻ノ峠。とっつきの急登を登りつめると峠だ。友寄はずいぶん元気が出てきた。「自信がついてきた」とのたまう。江頭、足のつめが痛いと言い出す。靴が小さいのである。山歩きで最も難業するのは靴が足にぴったり合わない場合である。なにしろ一日何時間も登り下りをする。とりわけ小さ過ぎる靴の苦痛が大きい。江頭の足についてはこれからが心配だ。友寄は必要もないのに自分のポリタンにも水をつめようと言い出す。今日の行程では水はずっと上江洲がかついでいる。水の重さを知らないのか、あるいはずいぶんと自信がついたのか。出発十六時四五分。

　十七時十五分、第十一回小休止。辻ノ峠。最後の〇・五キロがかなりきつかった。江頭も友寄も途中へたり込みそうであったが、今度はちょっとハッパをかけて峠まで休ませないようにした。リュックを背負ったままかがみ休みをしながら前進、三十分の登りを歩き通す。峠についた途端、友寄は「水!」。今日のキャンプ予定地である小杉谷山荘までは、あとは下り一方の一・六八キロ。時刻が気になる。早いうちに到着し、明るい間にキャンプ設営、夕食をすまさねばならない。出発十七時五十分。

　十八時十分、第十二回小休止。小杉谷山荘まで〇・五キロ。下りも結構長い感じだ。今日の最終地まであと一息。

　十八時二十分、小杉谷山荘到着！下りだがこの五〇〇メートルは長く感じられた。細い山道から明るいところに出ると、そこはレールが敷かれたトロッコの軌道。軌道の上を五〇メートル程奥に入ると、右手に小杉谷山荘跡らしい小屋がある。営林所使用の表示のそばに立入禁止!〟この小屋にあった緊急用の電話も今は廃止になり、島の山には無人小屋がいくつかあるだけである。山の島屋久島にしては、またずいぶんと不親切なことだ。

　小屋を三十メートル程過ぎたところ、軌道脇にテントを設営している二人組に出合う。奥の方に良いキャンプ場がある—と親切に教えてもらう。テント設営、食事の仕たく、汗ふき、着替えなどを大急ぎでやるも、食事を始める頃はついに真暗になる。かい中電灯の明かりで食事をすます。インスタントラーメン。食事等の片づけは明朝明るくなってからやることにし、早々にテントに入ってシュラーフにもぐり込む。ふるような星空！

　明日はきっとスカッとした日本晴れだ。


当山の呪いが通じたか天候急変、ついにどしゃ降り！！（二日目）

　八月三十日。一晩中ほとんど眠れぬまま朝を迎える。隣の二人はグーグー気持ち良さそうに眠っている。外がなかなか明るくならない。電灯を使用せずとも作業が出来そうな程に明るくなったところで一人テントをはい出す。夕食にするつもりで昨晩といであった米をコンロにかける。しばらくして飯がたけた頃友寄が起き出す。時計を見ながら「もう六時半か！」とびっくりしている。まだ四時前だと思っていたのに、暗いのは谷あいであることと、曇っている故なのか！　空に無数の穴があいているような、昨晩のあの星空とは全くウラハラな暗い、いやな曇天が不吉なふんいきとなって心を重くする。

　江頭も起き出してくる。大急ぎで昨晩の食器を洗い、朝食をすます。カレーライス。もちろんインスタント。出発八時四十分。山の九時といえば日常生活の昼頃にあたる。ずいぶんと遅い出発だ。

　九時二十分、第一回小休止。小杉谷山荘から平たんな軌道上を四十分間休みなしに歩き続ける。先頭を行く友寄はいやに調子が良い。昨日山荘に着いた時、友寄のリュックを持ってみてびっくりした。友寄と江頭二人の荷物は出来るだけ軽くするつもりで荷の配分をしたつもりであったが、彼の小さなリュックには米、缶づめ、マットレス等がつまっていて、上江洲のデッカいリュックと同じ程の重さであった。三十キロは軽くオーバーしており、彼は自らの体重に近い重さを背負い込んで一日登り続けていたのである。今朝の出発ではマットレス、米、三人分の昼食を上江洲のリュックにつめ込み、友寄を軽くしているので彼はスイスイ進んでいく。江頭も靴を友寄と交替して今日は足の痛みもなさそうである。上江洲の方は四十キロ近くになったリュックが肩にくい込み、平たんなコースだが実にしんどい。出発九時五五分。

　十時五分、第二回小休止。〝杉コース〟へのとっつき。先の小休止は、平たんコースの、ちょうど中間地点に達しているだろうと思ったのだが、十分も進むと、更に奥へ続く軌道と分かれ、右手に急登を控える細い〝杉コース〟のとっつきが現れた。休んだばかりであったが、これから急登にかかるので、もう一度リュックを下ろす。

　左手、はるか下の方に見え隠れして深い沢が軌道と併走している。〝杉コース〟添いに下りてきた小さな沢が、ここに来てこの深い沢に合流している。軌道は合流手前の沢をはしでひとまたぎして更に奥へと伸びている。これから軌道とわかれ有名な巨杉を見学しながら高塚分岐を経て尾根へ出る。水場もここが最後だろうと思い、沢まで下りて水を飲む。尾根歩きを控えて今朝は三人のタンクに水をつめてある。これは一滴も減らさないようにしなければならない。

　どんよりと曇っていた空からポツリポツリと雨が降り出す。今にやむだろう今にやむだろうと楽観していると、いよいよ本格的などしゃぶりになってしまった。三人とも雨具を全てリュックにかぶせ、橋の下で雨やどり。雨はなかなかやみそうにないので、小降りになった時思い切って出発する。十時三十分。

　十時五五分、第三回小休止。ウィルソン株到着！　巨木のおい茂る森の中で、ここだけはちょっとした広場になっており、その真中にドデッカイ、くち果てた杉の切り株が鎮座している。切り株といっても背たけの二倍程の高さで、周囲は一体何名の人間でかかえられるのかわからない程のものだ。ともかく大きい。

　三人が枕木を一本一本踏みながら軌道を歩いている時、おもちゃのようなトロッコを三台連ねてゴトゴト近づいてきたかと重うと、見る間に山あいの曲がり角に消えていった年配のグループが先に着いていて、倒木をポコポコたたいたり、感嘆の声をあげたり、記念撮影に精を出したりしていてさわがしい。小雨がパラッキ、しかも深い森の中とあって撮影に必要な光りが得られない。それでも訪ね着いた証拠にと思い、出来具合は全く期待しないままにパチリパチリと写し廻る。宮之浦の宿で見たパンフにあった写真を真似て空洞になった中に入り込み、カメラを真上に向けてシャッターを切る。ここも筒のように空洞になっていて、空高く伸びている何本もの杉の姿が見える。

　出発十一時十五分。

　第四回小休止、第五回小休止（大王杉到着！）――雨の中の前進であったため、時刻メモをとることが出来ないまま通過する。

　大王杉を出発して間もなく、それまで降ってはやんでいた小雨が、激しいどしゃ降りに変わった。リュックをこれ以上ぬらすわけにはいかない。倒木のかげで雨宿りしたあといく分雨足が軽くなったのを見はからって出発する。ところが、出発したとたん、たたきつけるような雨、それは雨というよりも絶え間なくバケツの水を頭上からぶっかけられているようなものだ！　まるで滝の下を歩いているようだ！

もはや雨やどりが意味をなさない程に身体もリュックも水をかぶっている。

昨晩の星空から、一転したこの天候の急変は一体何故だろうか。屋久島が日本一雨の多い地であるとはいえ、これはちょっとひどすぎる。水中を泳いで進んでいるような状態だ！　これはきっと出発前に三人の遭難を、疑う余地が無いと言わんばかりに自信たっぷりに予告していた当山が、今頃前田住宅のコンクリートのカベに、呪いの言葉を発し続けながら、三体のワラ人形を釘打ち続けているに違いない。ウム、そうだ、いやきっとそうだ、間違いない——と、三人はぶつぶつつぶやきながら歩き続ける。

人間生活の常識、ひとが生まれ、育ち、死していく生活次元のモノサシでは、とうてい計り知ることのできない時間、七〇〇〇年もはるか以前の、人間がまだ人間といえぬ頃から、えんえんと立ち続けているその杉は忽然として三人の目の前に現れた。

友寄と江頭だけでなく、上江洲も含め全員が、ただただ歩くのに精いっぱいであった。くぐり抜けようとしている滝は、水量が減る兆しさえみせず、いつまでたっても対岸に行きつくことはないように思えた。先頭を行く友寄、後に続く江頭、しんがりを勤める上江洲、それぞれが解けることなく果てしなく続く当山の呪いに〝あの時ジョッキーを二杯くらいおごっておくんだったナ〟と後悔の念を抱きながら、一歩でも二歩でも前に進むことだけを考えて奮闘していた。激しい上りを登りつめると、その次は更に急登のコースが待っていた。標高は一〇〇〇メートルを軽く超えているだろう。この高さに来れば、もはや出会うこともないだろうと思っていた沢が、どしゃ降りの雨を運び、コースを断ち切るように割れ目をつくっている。ひとまたぎというわけにもいかないその沢には橋もかかっていない。水はもううんざりだ——とはいえ、渡らぬと進めない。がたつく足を滑らせながら降り、そして登る。さえぎる岩の間をすり抜け、はいつくばって登りつめた三人の目の前に〝縄文杉〟がついに姿を現したのだ。

コースの右手、高塚山山頂へと続く傾斜に大綱引きの綱のように木肌をうねらせながら天をついている。木の周りは最近設置された柵が囲んでいる。それはまさしく、あの詩人親子といっしょにＮＨＫの〝新日本紀行・南の島々〟に登場していた杉、柵で囲まれた縄文杉だ！

ウィルソン株より大きくはないだろう。ここまで登る途中に出会った大王杉に比しても、とりわけ大きいとも思えない。木の大きさということでは、七〇〇〇年という樹齢から想像していたより、むしろ小さめな感じがする。しかし、今、目の前に光沢を放って昇龍のごとくうねり伸びる幹！　青々と天をさえぎる枝葉！　幾重にも地を這い回る根！。

それは文字どおり生きているのだ。七〇〇〇年この方生き続けてきたのだ！　そのことのもつ意味が、杉の大きさの程度に関わりなく、圧倒的な感動を確かに伝える。

かつて初めて上京した際に、江戸城の岸壁を目の前にした時、〝徳川家康という奴はほんとうにいたんだナ〟という妙な感慨を覚えた。本で読み、写真で観続け、頭の中で理解していても、はるか遠い過去へとつながる実体を自らの感覚で直接確かめ得た時は、歴史が、実際にその重みを伴って実感される。

江戸城岸壁の感慨が、今、別の形で甦っていた。ウィルソン株は、もはや朽ち果てて、ただそこに存在しているだけであった。大王杉も幹の空洞を露わにして、いかにも古木だといわんばかりのくすんだ木肌で、何とか余命を保っているという様相であった。だが、縄文時代から生き続けているというこの杉は、未だに若々しい色つやで訪ね来る者を迎えている。

例えば、何億年も以前に光を発し、もう存在していないのかも知れない星を、今人びとが目にしているということも、宇宙万物の理の不可思議を思わせずにはおかない。しかしそれは人間の住む地球とは、はるか離れた天界の彼方からのメッセージでしかない。

博物館の石器、数々の古墳も何千年も以前の人類の生き死にを物語っているであろうが、それは今日まで〝物〟として保存されてきたにすぎない。

わが〝イリオモテヤマネコ〟氏にしても幾百千年の間、種としての変化を経なかったという生物学上の意義を越えるものではないだろう。

しかし、今ここに、堂々とその姿を誇っているこの杉は、地上に芽を出してから七〇〇〇年もの間、この場所にえんえんと生き続けているのだ！　空の星とは違い、真近かに見上げることもできれば、手に触れて確かめることもできるのである。石器や、古墳とも違い、生命あるものとして、人間がやっと土器をつくり始めた頃から、人工の星を打ち上げるようになった今の世まで生きてきているのだ。ヤマネコのように世代を交代することもなく、彼自身が気の遠くなるような時間を同じ空間に生き続けているのである。

さまざまな想いが脳裏をかけめぐり、今や頭から襲いかかる激しい雨も、この縄文杉を初めとして、屋久島の巨木群を育てあげた源だという案内書の説明に色どられたバックグラウンドミュージックに聞こえてくる。

二十分でも三十分でもたたずみ、手で触れ、感激し、湧き出る断想に身をまかせていたかった。

「よし、ここで休みだ」――その杉さえも雨やどりの場となり得ない程に、ますます勢いを増すどしゃ降りの中で休止宣言を発する。ところが、この想いを知ってか知らずか、先頭を行く友寄が、ついにたどり着いたこの杉をふり向こうともせず、「いや、前進！　行きましょう！」と、敢然と指示を拒否して止まろうとしない。彼がこの山行で指示に異義を申立てたのは後にも先にもこの時だけであった。このまま進めば縄文杉に手を触れることもないまま那覇の雑踏に帰ることになる〝これで何の屋久島行きか〟と、せかつく友寄を強引に引き止めたくもなる。

ところが、「それじゃ行きますか」と、江頭も前進を主張する。

激しい雨に身体中から水をしたたらせながら登り続け、気軽に言葉を交わす余裕すら失くする程に消耗している今、「お前ら、先に行っとけ！」と宣するなら、そのとたんにリーダー失格になることをよく知っていた。

危険を避け、安全を確保するためならば状況によってはメンバーの意見を完全に無視してリーダーの指示を強制することも必要である。しかし、縄文杉を観ていたいというのは上江洲の個人的な願望であり、計画を安全に進めるには、雨を避けるため一刻も早く小屋に到着することが必要である。高塚分岐の避難小屋はあとわずかであった。

十四時〇〇分、小屋到着。

標高一、五〇〇メートルに達し主峰宮之浦岳まであと二キロ！（雨中の小探検―三日目）

八月三一日。祈るような気持ちでシュラーフにもぐった昨晩の願いも空しく、目が覚めても外はしのつく雨が今朝も続いている。六時起床。昨日の午後半日をここ高塚小屋で過ごし、今日また一歩も外に出ることなく、この狭い小屋で一日を暮らすことになるのか。

これからの行動をどうするか、まずは三人で確認しなければならない。

昨日食べ残した飯でジューシーをつくることにする。

勢いよく燃えあがる小型ガソリンコンロを囲んで、ジューシーが炊けるのを待ちながら二人に意見をきく。「この雨の中で予定通り宮之浦岳向けて前進するか、それとも今日もここに待機して雨のやむのを待つか、それぞれ意見を聞かせてくれ」江頭も友寄も積極的に自分の意見を主張しようとしない。友寄はニヤリと笑って、「意見を聞かなくても（上江洲の方針は）、すでに決まっているでしょう」とつぶやく。どうせ待機するつもりでいながら意見も何もないものだと、少々ふてくされ気味だ。

図星であった。今朝、目が覚めてからずっと考え続けていた。これからの行動について三通りが考えられる。一つには、もう一日、明日の朝まで待機し、明日も降り続けるならば宮之浦へ下山する。二つには、明日、雨がやむなら宮乃浦岳を登り、花之江河と小杉谷山荘の中間地点あたりでキャンプ。明後日安房に下る。三つには、現在雨は小降りなので今日のうちに宮之浦、永田岳を登り鹿之沢小屋に泊まる。明日永田に下山。

三通りの行動、とりあえず今日前進するか、待機するかについて、すでに決断は下していた。雨で視界がきかない中を尾根伝いに歩いても何も見えない。展望のきかない尾根歩きなど全くつまらない。地図をみると永田岳もかなりの登りがあり、鹿之沢小屋はその向こうだ。どのようなコースが待っているのか見当がつかない。滝のような雨に出くわすこともあり得る。このような条件下で山頂越えのコースを行くのは危険だ。ここから宮之浦までの下山道は、途中から林道に出る。永田岳から永田に下る、登山道が長く続くコースより安全で楽だろう。もっとも安全な退路に、もっとも近いここを移動するのはまずい。

今日はのんびりと、ここら一帯を小探検することにしよう。午前中はコーヒをわかして飲んだり、ダべったり、寝ころんだりして過ごす。雨はなかなか降りやまないが、午後はぬれながらでも近辺を歩いて廻ることにする。△時△分。まず高塚山の山頂に登ってみることにする。この山行の出発前に、ぜひ山に登ってみたいと話す友寄に、まず吹聴したのは尾根歩きのすばらしさについてであった。左右の展望をわがものにしながら一つ一つのピークを自らの足で獲得していくことの何ものにもかえがたい快感について何度も何度も語った。この山行で一刻も早く二人にその快感を味わせてやりたい。山というのは例外なく山麓に近い所は高い樹木がおい茂り、高度をますにつれて、それが灌木にかわり、山頂近くになると這い松等更に丈の低い高山植物が現れ、そして山頂に至ると植物が全く無くなる。頂をつなぐ尾根は必ず展望が開ける。これまでの山行は一つの例外も無くそうであった。

　この高塚小屋付近は標高が一〇〇〇メートルを超えるというのに巨木が立ち並び、山麓の山容とほとんどかわらない。それは、ここが宮之浦からのコース、〃杉コース〃、宮之浦岳方面からの下りのコース等が交わる分岐点になっていて、まだ尾根に出ていないからだろうと思っていた。高塚山の山頂まで登れば、雨で視界は効かなくとも自分たちの立っている所の高さを実感できる程に周りの木々は低くなっているだろうと一人決めしていた。

　その高塚山山頂は、地図でみる限り、ほんの十五分か二十分の距離である。宮之浦の街へと下るコースへ向けて進むと、その右手の方にピークがあるはずである。

　△時△分。まだびしょぬれの登山着に着がえ、雨具を身につけ出発。重いリュックをかつぐこともない、身一つの歩行は実に楽なものだ。昨日と同じ雨の中とはいえ、ちゃんと基地を確保し、何時でも戻れるとの安心感があって気持の負担もない。

　山頂に近づくほどに、すぐに樹木が切れるだろうと思ったのだが、歩くにつれてますますジャングル深く入り込む感がする。十分程進んだあたりから確かに右手の方に山頂を思わせる高みが続いている。だが、そこへ至る道らしきものは全く無い。巨木がおい茂っている。恐らく山頂まで同じ状態が続いているであろうと思われる。木々をかき分けて登ったところで頂にたどりついたとしてもジャングルの、真只中に立っている思いで登頂の実感はわくまい。

　小さな起伏を登り下りし、チョ

ロチョロ流れる沢を一またぎし、カーブをいくつか曲がる。山頂へ続く道がついに現れないままに、コースは一直線に降下するところまできた。小屋を出発してから二十分程であった。これからは宮之浦まで一気に下っていくのであろう。これ以上進むと帰りが大変だ。一休みすることもなく、そのまま、きびすをかえし小屋に戻る。

小屋で一休みすると、縄文杉の方へ下りて行った。昨日素通りしていたので、今日はじっくりと見ておきたかった。昨日、どしゃ降りの中を重いリュックを背負い、疲れはてた身体で小屋に着いた時は縄文杉と小屋の間も結構時間がかかった感じがしたのだが、五分程下ると縄文杉は再び三人の前に姿を現した。昨日、うんざりする気持ちで渡った沢で持ってきた三つのポリタンクに水をつめる。杉を囲む柵の中に入り、幹をなでたり、真下から見上げたり、雨の中でシャッターを切ったり、ゆったりした気持で一時を過ごす。昨日は余裕のない、せっぱつまった表情で前進を主張した友寄も、今日はカメラを片手に、しきりに感嘆の声をあげていた。

小屋に戻ると、次は目的の方向へ少しだけ登ってみようということになった。宮之浦岳へ向けたコースは、平坦になったり、時には小さな下りもあったが、それでもグングン高度をあげる。友寄は初日、自らの体重に近いリュックを背負って十分毎に休止を要求した。昨日は荷が軽くなり、それに伴い足どりもグッと軽くなっていた。

荷物を全て小屋に置き、身一つになった今、彼は全く恐るべきスタミナを発揮している。急勾配の登りの続くコースを休むことなくグングン進む。きつさのあまり山行の途中から引返すと言い出すのではないか、と、那覇を発つ時秘かに心配していた江頭も、この急登のコースを友寄に離されることもなく元気よくついていく。最後尾を行く上江洲が、ともすれば遅れがちになる。これではリーダーとしての面目がたたない。リーダーの誇りを保つためには、どうやらメンバーに、しこたま荷物を背負い込ませることが必要らしい。

このコースもやはり樹木がおい茂り、まるで展望がきかない。島の最高峰に続く尾根だから、ここなら左右の見通しがきくだろうと最後ののぞみをかけていたのだが。

二十分進み、三十分登り、高度はぐんぐんせり上っていくのだが、行けども行けども木の間をくぐり抜けて歩く状態が続く。両手両足を使わなければ這い登れないようなとっつきを登りつめたところで急に後方の視界が開けた。コースがぐっとせり上がった所で、ふり向くとさすがに木々たちもそこまでは伸びて来れない。灌木のように低く見える緑のジュータンを眼下に見下ろし、前方に初めて空間が広がる。おそらく晴天ならば、島の密林を一望のもとに見下ろし、続いて大洋と広い空が控え、〃洋上アルプス〃の醍醐味をここでは満喫できたはずである。しかし、小雨まじりの霧に包まれたその空間はボヤーとかすんでおり、三人を残念がらせるだけである。

歩き出すと、またすぐに密林のコースへと入っていく。時おり道はなだらかになり、あるいは下りに移ったかと思うと、再び激しい登りが現れる。標高はぐんぐん高くなる。厚い樹木におおわれて、その高さは実感が伴なわない。

小雨が降り続け、暗い中を歩いているので、日暮れの進行具合がどうもよくわからない。日暮れて、歩けなくなるまえには小屋に戻らねばならない。戻る時間が確保できる範囲で可能な限り前進してみようと話し合っていた。

江頭も友寄も一向に休止を要求しない。昨日、ウィルソン株へ登る途中、中学生を含むグループが後からやってきて、重いリュックを背に三人があえぎあえぎ歩いているのを「失礼します」と言いながら追いぬいて行ったかと思うと、またたく間に見えなくなった。ウィルソン株を見学し、大王杉をめざして進んでいる時、そのグループが、もう縄文杉まで行ってきたのか、皆そろって引返すところに再び出合った。

友寄は恐ろしく足の速い子どもたちに少々屈辱感を抱いていたようで、今、思い出したようにそのことを話している。「リュックをかついでなければ登りのコースも簡単じゃないか！」。中学生たちは日帰りの予定らしく何も持っていなかった。

今、三人の足は確かに速い。這うようにして登らねばならない所をいくつも越しながら、歩き出して四十分を過ぎる頃には〃宮之浦岳山頂まで三キロ〃の標識を捉えていた。高塚小屋から二キロの地点である。

地図によると、そろそろ小高塚岳山頂に達する頃である。だがコースは相変わらず密林の中を進んでいて山頂らしき所には出会わぬまま先に続いている。時刻は一七時になろうとしている。

〃宮之浦岳まで二キロ〃の標識に出会い、二〜三十メートル進んだかと思うと、コースは急な下りが控えていた。左右に岸壁が迫り、岩肌がボロボロになっているその岩の間を割って前方に続いている下り坂は、これまで歩いてきたコースで出会った短い、小さな下りと違って、長く霧の中に消えている。

これを下りきるといかにも帰りの登りがきつそうだ。時計の針もすでに十七時を廻っている。十八時までに小屋に戻りつかなければ日暮に足を奪われてしまう。ここいらで引返さなければならない。

左手の岩に登ると、やはりここがピークになっていて霧雨の中に緑の木々の広がる展望が開ける。岩壁がダーッと落ち込み、先程の展望よりも視界が広く、確かな高所の実感があった。今やっと山に登ったんだ、との感激を覚える。それでも、前方には海も空もその青さを見せようとしない。

友寄も這い登ってきて、しばらく二人で〝高さ〟を感じあったり、前方の霧を残念がったり、雨の中を友寄のピッカリコニカで証拠写真を撮ったりしていた。江頭はいくらすすめても「高所恐怖症だから――」ということで岩に登ろうとしない。

宮之浦岳山頂まではあと二キロであった。三十分余りもあれば行きつく。小屋からここまでの五分の二の距離だ。だが、もう戻らなければならない。友寄は、「もう少し早く出ておれば行きつけたかも知れないですね」と、しきりに残念がる。午後になってすぐに小屋を出て宮之浦岳に向け出発しておれば、確かに半日で山頂往復が可能であったろう。だが、ただ山頂を踏むことだけが目的ではない。海と空と密林を一望の下に見下ろし、洋上アルプスたる屋久島の山々を、それとして実感し、他の山では味わえない山頂の感激を自らのものとするのでなければ、海を渡って、はるばるやって来た意義が無い。

明日の天候回復を期待して、今、登ってきた道を引返すことにする。残念だ残念だとつぶやく友寄に、「明日は雨もやむだろう」と心にもないことを言いながら一目散に進む。一度も休むこともなく、来た時と同じように一時間の間歩き続ける。十八時、予定通り小屋に到着。標高一五〇〇メートルに達する小探検であった。

コースをはずれている！九時間歩きっぱなしでついに林道に出ず！！　真暗な夜を迎え、山中に予定外の野営（四日目）

九月一日、山に入って今日で四日目。天候の回復が、もはや絶望的であることは今朝六時まえに目を覚した時すでにはっきりしていた。しかし、やはり四三時間を過ごしたこの小屋が立ち去りがたいこともあり、朝食後もコーヒをわかしたり、使用した食器を洗うこともせずに何となくモタモタしていた。降り続ける天をあおぎ、すでに何回となく口にしているつぶやきをくりかえす。「あーァ、やっぱりダメか！」。

全くかわく様子もない衣類を肌にべたつかせながら身につけ、リュックにそれぞれの荷をつめる。今日は街に着く。荷を出来るだけ軽くした方が良い。米、醤油、缶づめ、ラーメンなど、あまった食料を全て小屋に置いて帰ることにする。この時もまた一つの誤りを犯していたことをやはり知る由もなかった。

街に到着するまでは食料は確保していなければならなかった。九時間後に胸がジリジリする程の後悔、くやしい思いにさいなまれることになるのだが、今その種をまいていることに貧しい山の経験からは思い及ばなかった。

九時十五分、高塚小屋を出発。一昨日に続き、またも肩にくい込む思いリュックを背負って何時間も歩くことになる。でも、重いとはいえ、米など食料品を捨て、いくつもの沢に出合うことが予想できたのでポリタンも空にしている。最初の二日間の行程よりは、かなり身軽になっているはずである。それに今日は下り一方のコースである。気持ちは楽であった。江頭も友寄も「さあ、今晩は宮之浦でビアパーティーだ」と口が軽い。まるまる一日半を過ごした小屋での生活をふりかえり、ペチャクチャとユンタクを交わす。

相変わらず降り続ける雨の中、昨日の小探検で歩いたコースを再び歩く。宮之浦へ向けて前進開始である。雨がやんだら今日再び挑戦するはずであったあの頂、二キロ地点まで迫りながらついにその頂を踏みしめることができなかった主峰宮之浦岳への無念の思いを三者三様に胸に秘めながら、それでも三人の表情は明るく、歩きながらのおしゃべりは絶えなかった。

足どり軽く下山を開始した時、第二の誤りを犯しつつ、あの恐怖の夜へと突き進んでいたのであった。このような悪天候の場合、下山を安全で、確実なものにするためにとるべき最良の方法は、道筋の確かな、自ら登ってきたコースをもどることである。この時そうしておれば、何の不安を感ずることもなくこの山行は無事に終了していたはずである。

宮之浦へ直接下るコースが、先日登ってきた桶川コースと同じように、いや、下り一方なのでそれよりむしろ楽で楽しい登山道であることを何故か三人とも信じて疑わなかった。山を歩く時の、極めて重大なタブー、この第三の誤りである、〝ひとり決め〟。

徹底的にコース内容を調べ尽くす努力を怠っていたことの誤りに気がつくまでに、それから一時間を要しなかった。

大木でおおわれた高塚山の頂を右手に予想しながら、これからは下り一方だろうと読んでいた。だが、もう一つのピークを廻り込むためコースは三〜四度登り下りをくりかえした。それでも平坦な広場を通過すると、やはり急転直下、山麓まで落ち込む下りのコースが始まった。

友寄が先頭を行き、江頭が続き、上江洲がしんがりを勤める隊列は今日も変わりなかった。昨日から気がついたことだが、登りコースで友寄や上江洲に一歩もひけをとらないスタミナを発揮した江頭が、下りのコース、とりわけその傾斜が激しい所では足どりがてんで頼りなくなる。後から見ていると、次の足を置くべき場所をまるで選択していないような感じを受ける。突き出た石につまずき、木の根に足をひっかけ、浮き石に乗っかり、つんのめる。これから何キロも、何時間も下り続けるのである。今日は江頭が大変だ。

このコースが大変な悪路であることを思い知ったのは〝広場〟を過ぎてしばらくしてからであった。コースはいつまでたっても傾斜の角度をゆるめることなく、直降下が続く。しかも、傾斜が急であるばかりでなく、そこは確かに登山道には違いないのだが、両脇からおおいかぶさる草木をいちいちかきわけなければ先に進めない。大小の石がゴロゴロして一つ一つ乗り越えねばならない。倒木が道をふさいでいる。やっとくぐりぬけたかと思うとリュックがひっかかり、にっちもさっちもいかない。逆もどりしてもう一回やりなおす。

登りの桶川コース、〝杉コース〟もきつい急登のコースであった。しかし、それらのコースは登りが急であるというだけで登山者をさえぎるものもなければ、リュックを引っかけるものも無い。前進するためにはスタミナだけが必要であった。

今、このコースが、登りの時とはその様相を全く異にしており、とうてい歩きを楽しむことのできないことを思い知らされていた。最初の計画どおりここを登っていたなら、おそらくこの山行は初日にして断念していたであろうと思われた。

　計画変更を良かった良かったと話し合っている間は、まだしも三人の気持ちには余裕があった。この難路はしばらくすれば初日、二日目のような手を振っても歩けるようなコースに出るだろう。と言わず語らずに、それぞれが思い込んでいた。

　しかし、それは全くうんざりするほどいつまでも続いた。おい茂る草木には何故かトゲのあるのが多い。滑ってころびそうになり、とっさにつかんだ枝がトゲだらけで、手のひらから血がにじむ。

　江頭はとりわけひどい。彼は半ズボンでこの山行に参加していた。昨日まではそのことは何ら問題なかった。しかし、トゲまたトゲのやぶ道を、かき分けかき分け進んでいる今、半ズボンは致命的である。彼はトゲのある草木をいちいち指先でつまんで引き上げて一歩進み、またつまみ上げる。そして一歩進む。これでは何時間たっても下りきることができない。ずいぶん用心し、努力しているが、それでも彼の素肌の足は、ひっかき傷で痛々しい。本人も口にしていたように苦手な下りのコースに、かてて加えてこのざまだ。友寄がすぐに引き離し、立ち止まって進むのを待つ。その繰り返しが続く。江頭の足もとをみつめながら、上江洲は半ズボンでは絶対にダメだ、と念を押さなかった自分自身のミスを考え続けていた。

　雨は降ったり、やんだりしているが、青空が顔をのぞかせる気配は全く無い。暗く、足もとはじめじめしており、身に付けているものは肌にべたつく。不快な下りが続く。難路はいつまでも続く。行き場を失った水がコースに入り込み、降り続く雨を集めて勢いよく流れる。大小の倒木が幾度も道をふさぐ。山が崩れ、目の前を遮断している、崩れ落ちた土石の山をはい登り、今にも再び崩れそうな山肌を横目に大急ぎで通過する。時おりボーッとかすむ霧の中に天まで伸びるデッカイ杉の幹が突如として現れ、バケモノのようなその姿にハッとする。

　もう誰も口をきかない。このコースがこういう状態になっていることをまえもって調べる方法はいくらでもあったはずである。それを怠っていた誤りを身にしみて痛感しながら、一刻も早く抜け出したいという思いが休み無しに足を運ばせていた。上江洲に誘われてついて来たら、こんな大変なところに足を踏み込んでしまった。――今、二人の気持ちはいらだち、後悔と、リーダーへの不満で満ちみちているだろう。

勢いの強い水の音が近づき、コースは大きな沢に出てこれを渡る。つづら折りをUターンしたかと思うと二〜三十メートル下流でもう一度丸木橋を通過する。逆巻く急流が泡をたて、それが濃霧となってあたり一面を包み込む。何とも不気味な世界だ。心細い思いが身を走る。このコースは確かに街に出るのだろうか。確実に下り続けているのだが、ふとそんな思いが頭をよぎる。

「道が消えている！　わからなくなった」――友寄の叫びが、ますます心細さをつのらせる。先頭をかわり、注意してさがすとやぶにおおわれた道らしい筋が見つかる。あるいは道が見つからず、何となく木々の少ないところをやみくもに進む。行き止まりになり、ハッとして引返し、倒木の陰にやっとコースを見つけ前進する。難業が果てしなく続く。暗く、重苦しい上空が、ますますその度合を増し、追いうちをかけるように激しく雨が降り出す。時刻はまだ正午まえだが、あたりは夜のように真暗になる。リーダーとして、ことさらに自信たっぷりの言動をしていても先ゆきに言いしれぬ不安を覚える。

時間はまだたっぷりあるのだが、それでも何ともなく〝今日中に街まで行き着けないのではないか〟という思いが理由もなく脳裏をかすめる。雨はますます激しさを増す。自動車が走り、人間が行きかうあの、なつかしい街はだんだん遠ざかり、いつまでもいつまでもこうして雨と霧に包まれた木々の茂る山中に取り残されるのではないか、という思いがつのる。

三時間以上も歩き続けたであろうか、急激な傾斜で下りてきた道が、左に折れたかと思うと、やはり藪におおわれてはいるが、それまでとは様相が一変し、意外な程広い、平坦な道が風通しもよく前方に伸びている。よく見ると朽ちた枕木がやぶのあい間あい間に見え隠れしている。軌道跡だ！　軌道の終点なのだ！　やった！　と思った。あとはこの広々とした軌道跡を楽々と歩いていけば自動車も通る林道へと出る！　それまでの不安も消しとび、もう下りるための難業苦行も必要ないと安堵した。

しのつく雨にもかかわらず三人の心はたちまち晴々となった。この時、有頂天にならずに、冷静に、適切な判断を下していたならば、それまでのいくつかの誤りはまだ取りかえすことができていたはずだ。しかし、ここでまた決定的な第四の誤りを犯すことになる。軌道は林道と山腹を結ぶもの――またしても。〃一人決め〃を、しかも致命的な一人決めをやらかしていた。ここで地図を取り出し詳細に検討しておれば何事もなく二～三時間後には確実に林道に出ていたはずである。

確かに軌道は山々の材木を積み込み、自動車の通る林道にこれを運ぶために施設されたものであろう。だが、〃従って林道に出る〃と短絡したのが誤りであった。

今に林道に出る――と、何の根拠もないのに決めつけていた。はっきりした根拠はないのだが、時間の計算からすればそういうことになるということが頭の中にあった。林道まで五時間程で出ることになっている。すでに三時間以上も歩き続けている。ということはあと一時間余りも歩けば林道ということになる。さあ、もうわずかだ！

急激な下りを倒木やトゲと悪戦苦闘しながら歩き続け、急流逆巻く濃霧の丸木橋で心細さに襲われ、道に迷いかけヒヤッとしたりのこれまでの行程に比べると、この軌道跡はアスファルト舗装の国道に思えた。

雨も小降りになり、時にはやんだりした。軌道跡の歩行は楽しかった。レールは全て撤去され、朽ちて真黒になった枕木だけが、ある所では土に埋まり、ある所では草木がおおいかぶさり、それでも配列のままに規則正しく続いていた。沢に出会うと橋がかかったり、石垣が積まれ、その上を伸びている。くされかけた橋ゲタを気にしながら恐る恐る渡るのもまた楽しい。

「こんなところまでトロッコが登ってきたんだナ」「木を切り尽くしてしまったので廃線になったのだろうか」――三人は饒舌になっていた。コースがきつく、あるいはどしゃぶりに見舞われ先行きの展望を失った時、申し合わせたように誰もが寡黙になり、気持ちと体力に余裕が出てくるとしゃべり続けた。

楽しくはあったが、江頭にとってはまだまだ難コースが続いていた。軌道は等高線に添ってわずかな高度差で山腹に平行に走る。適当な距離に来るとグルリとUターンし、ほんの数メートル下方をもと来た方向に進む。そして再びUターンする。蛇行をくりかえし徐々に下降する。急な下りに出会うことはない。その点は下りの苦手な江頭にとっては大助かりであった。だが、野いちごであろうか、新たな別の有刺植物が枕木を見えなくする程におい茂り、それがどこまでも続いている。半ズボンの江頭はここでも一歩進むためにえらく苦心しており、タオルを両足に巻きつけて歩こうとしたが、二〜三歩むとそれはすぐずり落ちた。一つ一つつまみあげて進んだり、時には痛さをこらえて、がむしゃらに突き進んだりしている。今や彼の足はズタズタに引き裂かれていた。後になって、汚れきった身体で鹿児島のホテルに着いた時友寄や上江洲が生き返った心地で二度三度湯舟につかり身体をごしごし洗い流しているのに、彼は湯をかけただけでも激痛が走る両足に、水をふくませた冷たいタオルをヒイヒイ言いながら押しつけるだけであった。更に那覇に帰ると、傷が化膿し真赤にはれた足を引きずって歩いていた。

蛇行はどこまでも続く。同じような橋をいくつも渡り、同じようなカーブを何回も曲がり、平たんなコースを枕木を踏みながらテクテクと歩き続ける。軌道跡を歩き出してから、とうに三時間は過ぎている。「これはおかしい！」と皆が思った。

最初に口火を切ったのは友寄であった。「この軌道跡は確かに林道に出るんですかね？」実は上江洲もおかしいと思い始めていた。一時間余りで林道に出るはずだが、三時間を過ぎても同じ蛇行をくりかえしており、それはまだまだ続きそうである。すでに三人は下山コースを遠くはずれ、枕木に誘われて何年間も誰も通った跡もない山中をさまよい歩いていたのである。しかし、〝おかしいはずがあるか、必ず林道に出る〟と、湧き起こる自らの疑念と、心細げな友寄の言葉を打ち消すように無理に思い込もうとしていた。時間が遅れているのは江頭の足のこともあって進むペースがダウンしていたからだ——と、上江洲は強引に自分と他の二人を納得させようとしていた。

ふりかえる友寄に「お前な、何のためにこんな山ん中にレールを引いてるんだ！　木材を街に運ぶためだろう。ということは、この軌道跡は確実に人間の生活するところに近づいているんだ」こちらの気持まで動揺させる彼の言葉にいらだちながら、言葉を荒げていた。

軌道跡に出た時、すでに時計の針は十二時を廻っていた。それでも昼食は後廻しにしていた。林道に出てほっとしたところでゆっくりと飯にありつこうと話し合っていた。あれこれ三時間余。不思議と誰も空腹を覚えない。というよりは、空腹を覚える気持ちのゆとりさえすでに失っていたのだ。今にもすぐに現れるはずの林道に行き着くために一歩でも二歩でも前に進みたかった。

昼食もとらず、休息さえせず枕木の上を歩き続ける。口数は次第に少なくなり、誰もが〝おかしい〟と思いながら、語気強く否定した上江洲の言葉の手前もあって黙ったままただただ歩き続けた。まっすぐ歩き、橋を渡り、カーブを曲がり、Uターンし、また直線コースを進む。何回も何回も繰り返す。

言い知れぬ焦りの気持ちを押さえることができない。しかし、リーダーとしてそんなことをおくびにも出すわけにはいかない。この角を曲がればもう林道だ！　さあ、すぐそこだ！　と考えながら遅れがちな江頭を速く速くとせっつく。

友寄が進み、江頭を待ち、上江洲も二人に追いつき、江頭の進むのを立ち止まって待つ――、尺取り虫のような前進が続く。四時を廻った。今、この山行の重大な誤りを考え始めていた。どこかでとんでもない誤りを犯しているはずだ。何がまずかったのか、どこに誤りがあったのか―しかし、今、正確にそのことに思いが及ぶゆとりはなかった。

「これ、やっぱりおかしいですよ！」江頭が叫んだ。「え！？」前と後で友寄と上江洲が立ち止まる。「ここ、さっき通り過ぎましたヨ！」、「同じ所をぐるぐる廻ってるですよ。」あり得ないことだった。蛇行をくりかえしながら。確かに山を下ってきたはずである。それが元の所にもどるということは、どう考えてもあり得ないことであった。言下に否定して先を急ぐ。幾度もUターンをくりかえしているうちに、どうせUターンするのだから枕木添いに行くこともあるまい。道のない林間に入り込んでも真すぐに下れば軌道跡につきあたるはずだ――と考えた。

すこしでも下に、すこしでも早く下りたい気持ちが思慮を欠いた行動にかりたてる原因となっていた。友寄と江頭を軌道跡に待たせて一人で偵察に降りる。リュックを背負ったまま、じゃまになる立木をかき分けかき分け小走りの状態で真すぐにぐんぐん下る。軌道跡に出合えば二人を呼び寄せるつもりであった。ところが、たちまち身動きのとれない藪に入り込み立往生する。振り向くと、もう二人の姿は木々に隠れて見えない。「これはいかん！　ダメダ、ダメダ！」と、大声を出して二人に合図しながら、今降りてきたところを、あえぎあえぎ今度は一休みもせず登りつめる。

焦る気持ちが、ますますふくれあがる。二人のところまで帰りつき、「ダメだ、やはり軌道に添って進もう」。重い足どりで、しかし、それでも一刻も早く林道に出たいため歩調をゆるめることなく歩き続ける。

江頭は、もうやけくそ気味に、傷ついた足を〝野いちご〟がかむにまかせて、顔をしかめながら突き進む。時刻は十七時を過ぎた。もう軌道跡を五時間も歩き続けている。今や道に迷ったことは明白であった。

「どうやらコースをはずしているらしい」――ついにもっとも恐れていた言葉を発することになった。あまりにも遅過ぎるリーダーの発言であった。「今頃勝手なことをほざくな!」、江頭も友寄も怒鳴りつけたい気持ちであったに違いない。しかし、二人とも、その不満を顔に出すこともなく黙ってついてくる。先程から上江洲が先頭を替わっている。

水の流れ落ちる音が近づき、またも橋が現れた。後続の二人を待つ。「あっ!ここはさっき渡ったところだ!」。近づいた江頭がまたしても叫んだ。今度は確信に満ちた指摘であった。否定を受けつけないような、強い調子の叫びである。

「やっぱりそうだ!」「ほら……」。江頭は周囲を一つ一つ指さしながら、それらが先程見たものであり、踏みしめたものであることを説明する。友寄も、どうもそうらしいとうなづく。なるほど、橋の長さ、その下の沢の深さ、左手の山肌から流れ落ちる滝の形など、全てが一時間程まえに通った場所、渡り終えた橋に酷似している。橋の三つ目の枕木の左端が腐れて、つぶれているのまで同じだ! 一瞬背筋が冷たくなるのを覚える。理屈の上ではあり得ないことであった。だが心身共に疲れ果てていること、焦りに焦っていること、更に、そのあまりの酷似ぶりに気が動転していた。

振り払うことの出来ない不安を抱いたまま、何年も以前の山行のことを思い出していた。まだ学生の頃であった。友人数人で那須高原の茶臼岳に登った。その日は尾根に着いた頃から霧がひどかった。一方の山腹に湧き出たモーレツな霧が、勢いよく這い登ってきたかと思うと、尾根にたっているわれわれの足元を、すくうように流れ、登ってきたもう一方の側を満たし始めていた。われわれは尾根づたいに更に奥の方へ進み、そしてもどってきた。日帰り予定の山行であった。戻り着いた時、霧はますますひどくなっていたが、しかし、それでもいくらか先を見通せる状態であった。往路を引返さずに、三十分程進んだところからケーブルで山麓まで下りる計画であった。ケーブルの駅をめざしてわれわれは進んだ。進むにつれて霧は、ますます深くなった。二十分も歩くと、もう二〜三メートル前も見えない程に霧は周囲を包み、日暮れが追いうちをかけた。あと十分も歩けば駅に着くはずであった。駅に着けば、雨が降ろうが、濃霧に包まれようが、真暗な夕暮れが訪れようが、文明の利器がわれわれを山麓まで運んでくれるはずであった。しかし、三メートル先が見えない状態の中で、われわれは駅の方向さえわからなくなっていた。

もう一歩も前に進めなかった。立ち止まるとふるえが来る程に寒い十月に、日帰り予定で出かけ、何の装備もない状態なのにこのまま山頂で一晩すごすわけにはいかなかった。われわれは何としても進まねばならなかった。リーダーは、メンバーの気持ちを落ち着かせようと、休止を宣した。われわれは果物の缶詰を三つ開け、たいらげた。霧はますます深くなっていた。はぐれないように一列になって、それぞれベルトをつかみ、再びゆっくりと進んだ。ケーブルの駅をめざし、一歩一歩進んだ。十分程で着くはずの駅は、二十分歩き続けても、三十分進んでも現れなかった。先頭を行くリーダーが、「あれ!?」と叫んだ。「このカンは……」と言って絶句した。彼は暗い足許で何かを蹴とばしていた。われわれが、さっき食べたパインやピーチのカラになった缶が確かに三つころがっているではないか!

先に進んでいるとばかり思っていたのだが、元の場所に戻って来ているのであった。鼻をつままれてもわからない程の濃霧と夕闇の中で一瞬愕然とした。あの恐怖の戦慄!

今、はっきりとあの時のよだつ身の毛が全身を襲っていた。二人を引き止め、先頭に立ち、一つ一つ枕木を踏みしめながら橋を渡って行った。絶対にあり得ない事であるだけに、その、あり得ないことが起こったという事が不安をますます大きくする。あり得ない事が現に起こっている! この実感は人間に言い知れぬ不安を抱かせる。恐怖に近い感情が身体をつき抜ける。

橋の中間あたりまで進み、左手の滝を見上げると、しかし、ここは先程の場所とは違う。確かに全てが似ている。だが、落下するその滝は、先程のよりかなり低い。さっきもこうして橋の真中で立ち止まって滝を見上げた。あれはかなり高かった。橋の畔に立って不安気にこちらを注視している二人に大声でそのことを告げる。

三人はまた歩き始める。うんざりする程枕木を踏みしめ、いくつものカーブを曲り、そして橋を渡る。Uターンをくりえし、直線コースを進む、怒りにも似た感情にかられ、先へ先へと歩き続ける。怒りは友寄と江頭が、こんなところにつれ込んだ上江洲に向けてしかるべきであった。しかし、当の上江洲も、いらだちが昂じていた。遅い二人が見えなくなる程一人でグングン進む。前進し、二人が近づくのを待ち、また前進して待つ。歩行のリズムが極端に狂い、更にいらだつ。気持ちのゆとりを完全に失っていた。

雨にぬらさないように、リュックの奥にしまい込んであった地図をとり出して検討する。しかし、現在歩いている軌道跡が書き込まれてないこの地図は今や何の役にも立たない。今、どの地点を歩いているのか、さっぱりわからない。地図ケースを準備し、雨の中でも手許に置いて、常に居場所を確かめながら進まねばならなかった。第五の誤りである。全く初歩的なミスだ。常識通りにそれをやっておれば、コースをはずれた地点で、そのことに気がついたかも知れない。

確実に山麓に向けて進んでいることは明らかであった。先程の橋が〝いつか来た道〟でなかったことがわかり、その事はもはや三人とも疑わなかった。木々の密度が薄くなり、山の様相はすこしずつ変化していた。山麓は近づいている。

近づいてはいたが、同時にまた、日暮れもすぐそこまで来ていた。時計の針が十八時を廻ろうとしていた。あと二〜三十分もすれば確実に真暗になる。山麓が近づいたとはいえ、いつ林道に出るのか、かいもく見当がつかない。今日中に街にたどり着くのは、もはや絶望的であった。

だが、迫り来る闇に追いたてられるように足ばやになる。時計の針は、いよいよ一直線になり十八時を告げる。これ以上の前進は危険だ。沢をまたぐ朽ちた橋がいくつも待っている。これまでも恐る恐る渡りついでいるのに、これ以上の暗さでは真さかさまに転落してしまう。

「今日は、ともかくこのへんでキャンプしなければならんだろうな」。江頭も友寄も納得しかねるといった顔だ。すぐそこに林道が来ているかも知れない。あとわずか歩けば、もう少しだけ進めば林道に出るかも知れない——友寄も江頭も、このような思いを払いのけることができなかった。そしてまた、上江洲もその誘惑に勝てなかった。

先程から、左手、山の下方に遠く近く沢の音が聞こえていた。それは山腹を流れ落ちる、いくつも出会った、せっかちな音とはちがい、サラサラと、同じ調子でゆったりと流れる大きな川の音であった。それはきっとこの島でもっとも大きな川である〝宮之浦川〟であろう。

山中で暗くなったら歩みを止める。明るいうちにテントを設営し、ぐっすり休む――道に迷ったさいの鉄則である。

進みたい欲望と、危険だ！　という予想が錯綜する気持ちに区切りをつけるため、「よしあと十五分歩こう。それでも林道に出なければ今晩は野営だ」。三人で確認する。残された十五分を全力で歩いた。三人とも小走りになっていた。襲いかかるものから必死に逃げるような気持ちである。橋を渡る。もうUターンはなかった。左手下方に沢の音をききながら一直線に進む。

十八時十五分！　林道はついに現れない。万事休す！

「よし！　キャンプだ！」。対象の見つからぬ不可思議な怒りが湧き起こる。十五分まえの確認にもかかわらず、友寄も江頭も簡単に同意しそうにもない様子がありありとうかがえる。ここで逡巡する事は許されない。左側の杉林に急ぎ足で入り込む。テントを設営できそうな場所をさがす。ふたりはまだ不満気に何か言いたそうである。こんな所でキャンプか！　もうちょっとだけ前進したい。すぐそこに林道があるかも知れない――思いは上江洲も同じであった。しかし、今は安全の確保以外何も考えてはならない。

真暗にならないうちにテントを設営する――それだけが今やるべきことであった。そのことを二人に対しても、そして自分自身に対してもはっきりさせなければならない。大急ぎで作業にとりかかる必要がある。二人と同じ思いで、泣き出したい気持にかられながら、それでも快活に振舞わねばならない。「二人ともリュックから荷物を出して。絶対にぬらしてはならないものをえり分けろ！」上江洲は快活に快活にと自らに言い聞かせながらも、指示する言葉は怒気を含み、うわずっている。へたり込みそうになる二人をせかしながら枯葉のジュータンの上にテントを設営する。あとはマットレスを敷き、ずぶぬれのリュック、靴、くつした、登山着などは外に置いたまま、ぬらしてはならない着がえ、地図、カメラなどをテントの中に入れる。作業はアッという間に終わった。

飲まず食わず、全く休むこともなく、まるまる九時間、林道を求めてただただ歩き続けた一日であった。休みなしの九時間の歩行――上江洲にとっても全く初めての経験であった。ましてや江頭や友寄にとっては初めての山歩きでいきなりこれだ。さぞやうんざりしていることだろう。

恐怖にも似た、言い知れぬ不安がモーレツな勢いで襲ってきたのは全ての作業が完了した後であった。手足を動かしている間は、まだしも気はまぎれたのだが、着がえをすまし、シュラーフにくるまって横になったとたん、さまざまな想いが頭の中を次々とかけめぐる。

この山行を計画したこと自体が、まず大きな後悔の念となって振り払おうとしても頭から離れない。来るんじゃなかった！　誘うんじゃなかった！

更に、自らの犯した数々の誤りが一つ一つはっきりと反芻される。あの時ああしておれば、こんな事にはならなかったのだが！　――という思いが、それこそ胸を焦がすように、くりかえしくりかえし思考の外に追いやることが出来ないまま、いつまでも自分自身を苦しめる。

自らがどこにいるのか定かでないまま、真暗な山中に身を横たえている不安は例えようがない。それは不安を通り過ぎて、やはり、恐怖ともいえる感情である。ただちに「死」の可能性に結びつくことは絶対にあり得ないことだとは思いながら、状況が最悪の事態に進んだ場合のことだけが次々と頭に浮かぶ。

食料が無い！　今日の昼飯用にと今朝炊いた飯が、まだ手つかずのまま残っている（誰も食事をとる気になれなかった）が、三人の一食分だけである。ただ一つの桃の缶づめは、先程夕食かわりにたいらげた。その他は全て高塚小屋に捨ててきたのだ。三～四日山中をさまようことになれば、飢えた身体でどうして脱出できようか！

三人とも一人一人自分だけ助かりたい思いで、歩けなくなった順に仲間を置き去りにして、足を引きずり引きずりバラバラに歩いている修羅場が一瞬脳裏をかすめる。

捜索隊が出て三人をさがし廻る光景を思い浮かべる。そのさいには、どういう手順で、どのコースからさがし出すんだろう。飢えてぶっ倒れている三人を見つけ出すことが出来るだろうか。

夜が更ける。小雨がパラつく。どうしても寝つけない。隣に身を横たえている二人もまんじりともせず、それぞれの思いに浸っている。

遭難が確定した場合のことを、まさかまさかと思いながらも考え続けていると、突如としてわが子の顔が現れる。子供の一つ一つのしぐさが、たまらないなつかしさを伴って次々と展開する。いつもケンカばかりしている、うるさい女房が、たとえようもない程にやさしい妻となって目の前に現れる。あの家庭にはもう戻れないのだろうか。その生活にはもう帰れないのだろうか。

このような、あり得ない事を考えていること自体が更に不安、恐怖を増幅する。たかだか周囲一三〇キロメートルの小島で、しかも確かに山麓に近づいているのだが、闇に包まれた深夜のテントの中の心境は、アフリカの密林にとり残された思いに等しい。

「上江洲さん……」眠れぬまま悶々としていた友寄が心細い声を出して呼びかける。「捜索する場合はヘリコプターを出すんですかね……」。不安をあおりたてるような言葉が神経にさわる。何をバカな——と怒鳴りたい気持を押さえながら、「やっぱり不安か?」と、自らの動揺をおし隠し、空々しくやさしい声できかえす。「ええ……」。

何も言わずに沈黙を保っている江頭も心中穏やかならぬものがあることはわかっている。今、二人の不安をすこしでもとり除かねばならない。自分自身の不安、心の動揺はおくびにも出してはならない。毅然としている事がぜひとも必要であった。

「よし! 江頭も起きろ!」。あらためて地図を広げる。三人、頭を突きあわせ、かい中電灯の明りでコースを照らす。「オレたちが今居るところはこのあたりだ。すぐ下に宮之浦川が流れている。流れの音がすぐ近くに聞こえるだろう。軌道跡ももうUターンはない。川添に真すぐ川下に続いてくる。軌道跡をずっと進めば川に出るだろう。川の向こう側に、ほら、この林道が通っている。川を渡り、あとは道があろうが、なかろうが、林間を突切って登りつめれば林道に出る。林道は、街からはるか奥まで続いているので必ず出合うはずだ」。

二人は一言一言に頷きながら聞いている。「わかったか!」。「ウム、わかった」。「よし、ともかく今日は寝よう、全ては明日だ」。「そうしよう」と、元気いっぱいに江頭が答えて再び三人はシュラーフにもぐる。

自らの自信に満ちた声とは裏腹に、しかし、今、説明を続けながら一つの疑念が頭をもたげ、それはまたたく間に思考をくりかえす頭脳を完全に占領していた。

あの流れの音は確かに宮之浦川だろうか？　もし、そうでないとするなら、ここがどの地点なのか全く見当がつかないということになる！　軌道は街へ近い山麓へ続いていると断言できるだろうか？

材木を積み込んで、それを運び出すのが目的であるなら、一カ所だけでなく、山肌をくまなく走った後、川のはるか上流を終点として、あとは川の流れで運ぶということもあり得るのではないだろうか。だとすると、この軌道跡は、すでに山の裏側に廻り込んでいて、宮之浦川ならぬ、全く別の川に続いているのではないだろうか。そこはめざす林道など無いのではなかろうか。脱出に三〜四日はかかるかも知れない。

疑念はさい限もなく広がる。焦りが全身を包む。さっきの説明を反芻していたのだろうか、闇のなかでまたも友寄が話しかける。

「上江洲さん、もし川を渡れなかったらどうなるんでしょう……」。叫び出したい程の不安の中で雑音が入り、いらだちが昂じる。「渡れるさ！　川の上流というのは岩がゴロゴロしている。岩伝いに渡ればいい！」そっけなく答えながら頭は、とりつかれた疑念から離れない。

妄想は次々と広がる。島の警察に届いている〝三人の登山届〟では下山が九月一日となっている。すでに一日遅れている。四〜五日も遅れるなら警察は動き出すかも知れない。緊急連絡先は職場にした。連絡がいくと職場は大さわぎになるだろう。二人を無事につれ帰ったとしても、そうなるとリーダーとしての責任は重大だ。まず、やらねばならないのは、江頭、友寄両君のお父さんお母さんに謝罪に行くことだろう。

眠れぬままジリジリと胸が焦げる。シベリアの一寒村に居ようが、チベットの山奥で夜を明かそうが、自分の生活に帰りつける見通しがはっきりしているなら何の不安も覚えないだろう。だが、その手だてを失い、見通しをもち得なくなった時、今の自らの存在と、生活の間に越え得るかどうか定かでない、底知れぬ谷間が横たわった時、そこが生活の場のすぐ近くであろうが人間は不安の極に達する。

友寄が、突如ガバッと起きあがったのは、二人はもう寝入ったのだろうかと、見えもしない暗闇の中で横を向いた時であった。起きあがると、かい中電灯を取り出し、テントの外に這い出していく。一言も声を発しない。黙ったまま軌道跡の方へ登っていく。このような状況での無言の行動は何とも気味が悪い。〝こいつ、不安に絶えかねて、こんな時間に一人で歩き出すつもりか！〟と、戦慄が身をつらぬく。

「オイ！　待て、友寄、待て！　どこ行くんだ！」。大声で呼び止めると、「何でもないですよ、大丈夫ですよ」と言いながらスタスタと登っていく。それでも気になってテントから首を出して見ていると、リュックの所で何やらゴソゴソしたかと思ったら、すぐに戻って来た。

「ダメじゃないか、黙って行動したんじゃ！　こんな時だ、ただでさえ皆不安なんだから！　夢遊病になったかと思ってヒヤッとしたゾ」。手厳しくしかりつける。ゾーッとさせられ、頭にきた感情が多分に入り込んでの叱責であった。「すみません」と素直に謝った彼は、金を失くしたかな、と思ってリュックの中を確かめに行ったのだと釈明している。いやに余裕があるじゃないか、そんなことまで思いつくとは――と思い、思わず苦笑いしていると、眠っているとばかり思っていた江頭が、「金なんか、もうどうでもいいですよ！　僕は帰れればそれでいいんだ！」と、ボソッとつぶやく。冗談とも真剣ともつかない声であった。誰も笑わない。友寄がシュラーフにもぐりなおし、再び流れの音だけが同じ調子で聞こえる静寂が訪れた。

心細い山中の夜が深ける。誰なのか、いつしか軽い寝息が聞こえる。九時間の歩行と、頭がキリキリ痛む程に考え尽くした思考に疲れ果て、いつしか深い眠りに誘い込まれていた。

危機を脱し、林道に出る！（五日目）

目が覚めると六時であった。寝床の中でさきほどの夢をまざまざと思い出していた。

那覇の街を一所懸命に走っていた。何故か上江洲だけが助かっていた。街を走りながら〝江頭と友寄を助けてくれ！〟と叫んでいた。誰かに聞いてもらわなければ、と焦りながら懸命に走っていた。走っている場所がいつの間にか生まれ故郷の久米島の集落の中に変わっていた。二人を！　二人を！　と叫び続けていた。またしてもその場所が、今度は東京西が丘の調査官研修所の周辺に変わっていた。

街を走っているはずなのに目の前にテレビが現れ、二人の救助のニュースを流していた。ニュースは二人が海上保安庁の船に助けられたと告げていた。

みる夢までが脈絡を失っていた。助かった！　と思ったら目が覚めた。そして目が覚めると、ここはまだ帰り道の定かでない山の中であった。気が重い。

出発準備は速かった。着がえをし、テントをたたみ、パッキングをすます。友寄は「戻った方がいいんじゃないですか」と言う。ここから高塚小屋までは道ははっきりしているし、小屋まで着けば初日のコースを逆に行くだけで確実に街に戻れる。しかし、歩き通しで九時間の下りのコースを戻るとなると、その二倍以上の時間がかかる。江頭は足の傷が痛くて、これ以上軌道跡を歩くことさえいやがっている。小屋まで登り得たとしても下山が確実に予定より四〜五日は遅れる。そうなると警察が動き出す。戻るのは遭難を自ら確認してからでも良かった。

「すぐ下に宮之浦川が流れているじゃないか！」言下に反対してとりあわない。聞こえてくる流れが宮之浦川であるかどうかを確かめることが先決である。

六時三十分、三人は出発した。相変わらずの曇空であったが、朝の光で昨夜の心細さはない。朝食抜きの出発だ。誰も空腹を訴えない。明るさの中を歩けることがありがたかった。一歩でも二歩でも先に進みたかった。先に進んで自分たちのいるところがどこなのか確かめたかった。確かめない間は食事がノドを通らない気持ちであったし、一分も留まっておれない気持ちであった。まだ食えるのかどうかわからないが、昨日の朝、高塚小屋で炊いた飯が、まだリュックの中にあった。

昨日、時間の許す限り続けた軌道跡上の歩行がまた始まる。友寄―江頭―上江洲の順で進む。小さな橋を渡る。昨日まで蛇行をくりかえしていたコースが、今日は、前へ前へと進んでいる。歩いても歩いても左手下方から聞こえてくる沢の流れは途絶えることなく続いている。明らかにコースは川に添って進んでいる。

〝野いちご〟は少なくなっていた。トゲを気にせず歩くことが出来、江頭が友寄に離されることもない。三人はそれぞれ間隔をおかずに、〝なかなか川が見えないな〟と話しながら歩いていた。一晩の睡眠で三人とも元気をとり戻していた。

「あっ！　待て！」、友寄がふり

向いたかと思うと突然、後に続く江頭を押し止めた。「下！　下！」。何事だと思い、指さされたところをよくよく見ると、今しも江頭が右足を踏み下ろそうとしているその場所に、まむし野郎がトグロを巻いておすわりしている。恐る恐る遠廻りして通りすぎようとするが、今にもとびかかって来そうで足が動かない。ところがまむし氏、すぐ近くで人間の足音がガサガサしていても、てんで動こうとしない。朝が早いので出勤まえなのであろう。ニーブヤーハブグヮー（居眠りハブ）といわれるだけある。

この後、友寄は先頭を歩くのに足がむずかゆくなるのを覚えた。それでも一刻も早く林道に出たいあまりに、やぶにおおわれたところもものともせず突き進んだ。左手の沢の音はコースがカーブを描いて右手、山の側に出入りするたびに遠ざかったりしたが、そのまま消え去ってしまうことはなかった。コースはまた川に近づいた。だが、川はその姿をなかなか現さない。今は流れの音だけが頼りであった。

一時間も歩いたろうか。一きわ大きい流れの音が前方から聞こえてくる。案の定橋が三人を待ち受けていた。今度はかなり大きな橋である。右手、山手の方から勢いの良い流れを運んで十メートル程の沢が山肌を割って左手、下方に続いている。その流れは、それまで木々にさえぎられて姿を隠し、流れの音だけでその存在を告げていた左手、下方の沢へと合流している。橋の中間に立つと、十メートルもの沢に助けられ、昨日からその音だけをきいて歩いてきた、コースと平行に走る左手の流れが初めて姿を現した。胸の高なりを覚えながら、その流れの方向を注意深く見極める。コースの進行方向に流れているならば、それが宮之浦川である可能性が強くなる。もしも逆に流れているならば三人は自分たちの遭難を確認することになる。街の方向へ歩き進んでいるつもりが、全く逆に川上の山奥へ山奥へと前進していたことになるのだ。川下の方に目を向け祈るような気持ちで流れを追っていくと、右だ！　流れは右だ！　合流した流れが、本流といっしょになり右の方へ流れている。進行方向だ！　三人は確かに川下の方へ向かって歩いているのだ！　あれは宮之浦川だ！

橋を越すと、流れの音が急に高くなり、コースがグッと川に近づいた。木々の間に広々とした川の水面や大小の石コロが見え隠れする。コースがピッタリと川に接し、真下にその音が聞こえる所で、川向こうの山肌も、その全容を現した。川面からはまだずいぶんと高い所だが、その山肌を横に一本の白い線が通っている。林道だ！ここからはまだまだ距離があるが、その林道は川をへだてて、三人の前進しているコースと平行に確かに川下の方にどこまでも伸びている！

やった！ついにやった！もう大丈夫だ、と思った。地図を広げての昨夜の説明が的中していた！

瞬間、生活と自らの現在との間に黒々と横たわる谷間に、しっかりと橋がかけられた思いであった。木々が、枕木が、水の流れが全く異なった意味あいを帯びて目に写った。初めて空腹を覚えた。のどの渇きを覚えた。昨日から二二時間食事をとっていない。

二人は、しかし、まだ助かったとの実感がないのか表情を変えることもない。友寄は川を渡る時の心配をしているのだろうか。食事もとらずに歩いた。せっかく川べりに出たコースは再び山あいに入り込み、流れの音が遠ざかったり、かと思うとまたもや川に近づいたりをその後も繰り返す。流れの音が遠くなるたびに、せっかく見つけた林道が逃げていくような錯覚を覚えた。川向かいの林道が、その高度をしだいに下げ、もっとも川面に近づいた所で、こちらも一気に川に下ろうと思っていた。機会をねらいながら進んでいると、コースは背丈を越す程のススキのような草のおい茂る所で、ついに行き止まりになり、軌道跡を見失ってしまう。

ここらが潮時であった。十一時間近くつきあった枕木たちにおさらばして、道の無いところを〝ススキ〟をかき分けかき分け川にむかって一直線に進む。川を見下ろすところまで来た。川までは急傾斜になっているが、適度に木も茂っており、つかまりつかまり行けばなんとか下りることが出来る。

リュックを下ろし、二人を待たせ、まずは偵察に下りて行く。降り続いた雨を集めた流れは速い。足を滑らせばたちまち溺れてしまいそうな深い淵もある。それでも水面に顔を出している岩づたいに行けば何とか対岸に渡れそうだ。対岸はるか山中の林道は急激に高度を下げ三〜四〇〇メートル下流では川にグーッと近づいている。対岸の川辺をそこまで下れば短時間で登りつめることができそうである。「オーイ、大丈夫だ！」上の二人に声をかける。木々の間を這い登り、二人の待つ所にもどる。

リュックを背負いなおし、二人を誘導して再び下る。対岸に渡り切ればあとは困難な課題は何もない。解決すべき課題はやりとげてから、食事にしようと思った。二人も賛成した。この急流を何とか渡りきらねばならない。

　心配で食事ものどを通らない――ということを聞いたり読んだりしたことがあるが、それはウソだとこれまで考えていた。人間はどんな心配事があろうが、腹がへれば飯は食えるものだ。食わずにはおれないものだと思っていた。だが、二三時間近くにわたって全く食事無しでいた今になっても、川を渡るまで更に食事をおあづけにしようと提案している。そして二人ともそれに賛成している！　やはりあり得ることなのだな、と実感する。食事は平穏無事の中でこそ三度三度のどを通過するものらしい。

　しかし、この沢渡りは最初のトライに失敗する。岩にとびつぎ、流されそうになりながらも水中に足を踏みしめやっと川の中間まで渡り着いたのに、その後がどうしても続かない。深い淵が横たわり、一歩足を踏み出そうものなら、そのままブクブクといきそうだ。これ以上は進めない。引っ返すしかなかった。元の場所に戻る。川上の方を見ると、流れはいく分ゆるやかなようだし、それをせき止める岩も一面にころがっている。向こうまで行けば渡れそうだ。

　渡れる見通しはあった。林道は目の前だ。気持ちをとりなおすためにも、ここらへんで食事だ。提案すると、さすがに腹をすかしていたのか二人とも「そうしましょう」と答える。八時三十分。今朝出発してから二時間、高塚小屋を出発してから二三時間十五分が経過していた。実に二四時間ぶりの食事である。

　クッカーにつめたままの飯は長時間の歩行のためネチャネチャに練られている。飯の上にそうっとのせてあったコンビーフは、コチコチのむすびのように卵状に固まっている。だが、山の寒気のためか、すえた臭いは全くない。うまい！

　実にうまい！　カラカラになった腹を快く満たす。江頭も食った。友寄も食った。宮之浦川の水で流し込みながら残らずたいらげる。

　二度目のトライも難渋した。丸木橋を渡る時、今にも転落するのではないかと思う程へっぴり腰であった江頭が、沢になるとスイスイ渡っている。逆に誰よりもバランスよく的確にいくつもの橋を渡っていた友寄が、勢いよく流れる水をみるとこわがった。幾度か急流にさらわれそうになりながらもこの沢渡りもついに成功した。目標の場所まで川辺を下るのは、わりと簡単であった。泳がねば通過できないような淵が待ちかまえていたりしたが、そのたびに左手のやぶに入り込んで、人間の通った跡の全く無い所を一本一本木々をかき分けながら進む。

中間地点あたりに来た時であった。目標の場所より、すこし手前の方に川をまたいで二〜三本のワイヤがかかっているのを発見する。ワイヤのあちこちから板ぎれらしいものがぶらさがっている。つり橋だ！　今はもう通れなくなっているつり橋だ！　つり橋があったということは、その畔から、まだかなり高い所を通っている林道までは必ず登山者の通る道があるはずだ！

はりつめていた緊張感が一気に弛緩する。これで終わった！　と思った。残骸だけが残ったそのつり橋の真下まで行くと小山程の岩がある。三人は這いあがり、十畳程の広さもあるその岩の上でリュックを下ろす。高塚山の小屋を出発してから初めてゆったりした気持で休む。心からくつろぐ。大小の岩のあい間をぬって勢いよく流れ落ちる水！　水！　依然として霧に煙る山頂！　リュックにしまい込んであったカメラを取り出し、シャッターを切り続ける。友寄もパチリパチリやっている。江頭は安堵したのか、あるいはまだ安心しきらないためなのか疲れた様子で座り込んでいる。

つり橋から林道へ続く道はすぐに見つかった。一本一本木々をかき分けねばならないやぶとちがい、身体より大きなリュックに引っかかるものもなく大手を振って歩ける。つづら折りになって急登が続く。用心しなければならないことは今は何もない。道は確かに林道に、すぐ上を通っている林道に続いている。はやる気持ちで先頭を歩く、激しい登りのため友寄、江頭はしだいに離れていくが、今はもう二人を待つこともない。林道だ！　林道だ！　と一人でつぶやきながら遅れる二人を更に離す。マラソンのラストスパートを走り込む思いで、ゼーゼーあえぎながらも歯をくいしばって進む。林道がすぐそこに待っているのだから何も急ぐ必要はないのだが、せかつく気持ちを押さえることができない。

十時十五分、林道に出る！　出た！　ついに林道に出た！　昨日から今日にかけて、あれ程リンドウ！　リンドウ！　と考え続け、口にし続けてきた。その林道を今しっかりと踏みしめている。大型バスでも通りそうな大きな道だ。

友寄が到着し、江頭が到着した。友寄は林道に出たとたん、重いリュックを背負っているにもかかわらず、飛びあがって喜んだ。やった！やった！と歓声をあげてとび廻る。そして握手を求める。三人はかわるがわる握手をくりかえす。五日間にわたる行動をふりかえる余裕は、この瞬間にはまだなかった。握手を繰り返す手から全身に広がる快さは、ただただ安堵の感情だけであった。人間の生活する場に確実にたどり着いたことを身体中で感じ得る喜びであった。三人ともリュックを下ろし、道端にだらしなくへたり込む。寝ころんぶ。水を飲む。また寝ころぶ。

友寄がびくびくしながらもついに渡りきった宮之浦川の流れが、今ははるか下方に見える。あの林道に！　あの林道に！　と考え続けながら見上げて歩いていた林道から、今、逆に歩いたコースを見下ろしている。川をへだてて、三人をさんざん苦しめた高塚山、高塚小屋へと続く山肌が、けぶる霧に頂をすっぽりと隠しながら高く高く続いている。

わだちの残る広い林道を、右手下方に宮之浦川をながめながらゆっくりと下り始める。自動車に乗るでもないし、汽車にゆられているわけでもないのに、今、ただ、道があるというだけで文明のありがたさを痛いほど感じていた。何もさえぎるものもなく、足を運んでいれば確実に人間の生活する街に行きつく。街に続く一本の林道、人間の造った広い道を何の不安もなく歩けるということが、二日間にわたって苦闘を続けた三人には何よりもありがたいことに思えた。

もうやぶをかきわける必要もないし、急流を渡ったり、草木のトゲに悩まされることもない。そして、ほんとに帰れるだろうかとの胸を焦がすような不安にさいなまれることもない。

その喜びが全身を包み、三人はまた饒舌になった。いつにも増して饒舌になった。昨晩のあの真暗なテントの中で何を考えたのか。大声を出し、時に爆笑しながら語り続ける。〝未処理の事件のことが気になった〟〝捜索隊が出ると五〇〇万円、一千万円の負担をせねばならなかった〟〝結婚もしないまま山中深く白骨体となって朽ち果てるのか〟

おしゃべりは留まるところがない。次から次に口をついて出る。一言一言が笑いを誘う。

親が居て、妻がおり、子供が居る。家があって働く職場がある。

友人が居て、労働組合の活動がある。——何の変哲も無い日常の生活が、かけがえのない大切なものであることを、文明から離れた地点に取り残されて初めて痛感していた。頑丈な橋を渡り、大きく曲がるカーブを通過し、道は続く。林道は宮之浦の街まで確実に、安全に三人を導く。山が徐々に遠ざかる。

エピローグ

十三時、船は岸壁を離れた。島の若者たちが就職のための旅だちなのか同じ年頃の男女の一群に見送られ、テープが舞っている。到着した日に泊まった〝やくしま荘〟の建物が、目の前の高台から別れを告げている。山は、島に着いた時よりも更に厚いヴェールに包まれ、三人の離島には興味を示そうともしない。それでも感慨がひとしお胸を打つ。

江頭も友寄も、自分たちをのみ込もうとした、姿を見せぬ山の方向をじっと見つめている。再度の挑戦を密かに決意しているのか。はたまた〝もうこりごりだ！〟と自らに言いきかせているのか。鹿児島出港のさいに、思わず苦笑を誘われた、船内のスピーカーから流れる〝ホタルノヒカリ〟のメロディーが、今は不思議と胸に浸みわたる。

ちぎれる程に手を振る若者たちの姿が、だんだんと小さくなり、島影は、来た時と同じように重いヴェールに包み込まれるように、今度はしだいにその姿を消していく。さらば屋久島、ついに相まみえることのなかった宮之浦岳、そして長いつきあいだった枕木たちよ。

台風の余波なのか、船は島を離れた時から揺れに揺れた。船底のスレイブクラスの船室に入ると、山行出発前夜、舟遊びでいっしょだったあの脚のステキな娘たちが待っていた。

林道で営林所の車に拾われ一息に港まで着くと鹿児島からのフェリーが入港するところであった。三十分後には出港するという、その船の乗船券を買うためターミナルの中を、あわただしく動き廻っている時、娘たちは声をかけてきた。偶然の再開を喜び合うも、警察へ下山報告の電話を入れると、もう乗船の時であった。ゆっくり話すゆとりもないまま、それぞれ船に乗り込んだのであった。

娘たちは、あれから種子島に渡り、昨日屋久島に戻ってきたのだという。しきりに山登りの武勇伝を聞きたがっていた。しかし、江頭も友寄も娘たちとは対照的にはしゃぐ気配は全く見せず、彼女たちの話を聞いているだけであった。挫折した自分たちの山行に、その報告の意欲を失ってしまったのか。あるいはまた危機を脱して、文明の懐深く、しっかりと抱きとめられた安堵感に快く身をゆだねているためなのか。

びしょぬれの服に汚れきった身体を包んでいるのだが、江頭も友寄も通路に足を投げ出したまま、いつしか眠りに陥っていた。娘たちも横になったまま二人で何やら旅の思い出話に耽っている。船はローリングとピッチングを激しく繰り返しながら一路鹿児島港へ向け突き進んでいく。

（1978・9）

あとがき――私の「パック・ツアー」論

旅の通を自称する者の多くが旅行社の「パック・ツアー」はつまらぬと非難する。「まだパック・ツアーを続けているのか」と軽蔑の声をかけられたこともある。だが、長い間旅を道楽としてきた私は旅行社の企画するパック・ツアーが好きで、友人に非難されようとも今も自由な個人旅行に切り替える気にならない。

「人間関係形成過程」が観察できて面白い。空港に集合した時は皆初対面。どこの何者か互いにまったくわからない。かつては旅行社も名簿などを作成して参加者に配布していたが、最近はプライバシーの侵害だとしてそれもやられていない。

ツアーでは旅程が進行するにしたがって親しくなった者同士グループが形成される。規模によってその数はさまざまである。ごく少人数の旅の場合は全員が一つのグループとなって家族のように親しくなり、帰国後も長いつきあいが続くこともある。大人数のツアーでは、いくつかのグループができる。昼食のテーブルが一緒だったこと、買い物で行動を共にしたこと、時間待ちの空港ロビーで話しかけたことなどがきっかけとなって親しくなる。端緒はさまざまである。日一日とグループ化が進む様が実に面白い。知らぬ者同士の集団が、いわば社会化されていく過程をはっきりと目にすることができる。その変化がまるで長日時の植物の成長過程を超速短時間で映し出す映像を見ているようで興味がつきない。

社会的に非常に「えらい」方が同じツアーのメンバーにいたことがあった。その「えらさ」も、また有名人であることもまったく知らないひとりのオバーがすっかり彼と親しくなった。日常生活では気軽に声をかけるのも躊躇するような「えらい」方だが、オバーは、「ねー、ねー、あんたこれ持ってよ!」と、買いこんだばかりのみやげの大きな袋を運ぶよう命令している。「有名人」も嬉しそうに「はい、はい」と従っている。普段の社会的地位や立場をすっかりぬぎ捨てた、仮面を脱いだ裸の人間同士のつきあいが面白い。パック・ツアーならではの光景である。

金も時間もない勤労者にとって旅は、旅先の宿や移動手段が事前にきっちりと手配されていて短時間で多くの所を効率的に回ることができるようなものでなければならない。短い時間と少額の金で多くを見て回る――ちまちましていても結局はこれが勤労者の旅を有意義なものにする。かくて豊富な内容で超格安のツアーを探し回ることになる。どこへ何日間旅したかということと同時に、如何に格安であったかも、友人や知人への私の旅の重要な報告事項となる。

「パック」の方がいいと思う今一つの理由――われわれ勤労者にとって旅のための休暇は一週間がせいいっぱいだ。一ヶ月、二ヶ月も休んでいると、帰った時に職場が無くなっていたということになりかねない。△月〇日には確実に職場のデスクに戻って職務に就いてなければならない。出発から帰り着くまでの日程が明確であることを要する。それには「パック」が何よりも安心だ。

何らかのアクシデント、あるいは便の都合で帰りが〇日か遅れたということになると、以後旅のための休暇を職場は許さない。悲しいかなこれが現実である。

というわけで三十年余りにわたって「パック・ツアー」の愛好者として旅を続けた。だが、それもこれまでだ――と今考えている。あとわずかで勤労者を卒業する。その後は時間だけはたっぷりと手に入る。今回原稿を整理していて、これまでの旅は私にとってプロローグにすぎなかったという思いを強くしている。本格的な旅のためのロケハンを重ねていたように思う。

これからホンモノの旅が始まる。

二〇〇二年十一月十一日　記

初出一覧

●ドレーク海峡も越えて 「普通のウチナーンチュ」の南極紀行

（宮古毎日新聞　1999年5月30日～7月11日）

●宮古・八重山随想

八重の山々（八重山毎日新聞　1993年8月17日）

宿を見つけたやどかり（八重山毎日新聞　1993年8月24日）

民族調査の「視点」（八重山毎日新聞　1993年12月20日）

御嶽の不思議（八重山毎日新聞　1994年1月6日）

つながった「飛び地」（八重山毎日新聞　1994年3月8日）

八重山字考余聞（八重山毎日新聞　1994年4月16日）

八重山言葉よどこへ行く（八重山毎日新聞　1993年10月21日）

「ヤエヤマビト」は存在するか？（八重山毎日新聞　1998年8月22日）

黒島へ（SILVER AGE　12号　1995年11月29日）

川平へ（SILVER AGE　16号　1995年12月27日）

中心はいくつもある（八重山毎日新聞　1997年6月3日～5日）

「二つの沖縄」そして、「二つの日本」（宮古毎日新聞　1998年9月2日）

●島々への旅

北大東島の旅（SILVER AGE　１１号1995年4月24日）

南大東島の旅（八重山毎日新聞　1996年6月11日～14日）

南大東島の旅、ふたたび（那覇家裁だより　1996年10月号）

沖縄と種子島（八重山毎日新聞　1994年8月27日）

八丈流人考（八重山毎日新聞　1995年7月31日）

●アジア諸国の旅

ベトナムショック旅（沖縄タイムス　2000年9月18日～9月20日）

中国はどこへいく？（宮古毎日新聞　1999年9月1日～10日・11日）

草原の国モンゴル（宮古毎日新聞　1999年10月15日～2000年3月10日）

負の記念碑　アユタヤの「首無し仏」群（宮古毎日新聞　1998年12月12日～13日）

韓国二題・イルボン（沖縄タイムス　1995年2月23日）

・ディスカウントマッチ・イン・ソウル（八重山毎日新聞　1995年1月29日）

●さまざまなパックツアー

我が「ローマの休日」（八重山毎日新聞　1998年2月4日～6日）

ピラミット造りは奴隷労働ではなかった？（八重山毎日新聞　2000年9月16日～19日）

●屋久島山行挫折記　1978年の記録（個人誌「臥竜窟」）

南　研作（みなみ・けんさく）
1944年2月11日　沖縄県久米島にて生まれる。
本名　上江洲紀夫（うえず のりお）
家庭裁判調査官

ドレーク海峡もこえて
島人の世界旅　アンニン・アランドー・ザ・ワールド！

2002年12月10日　初版発行

著　者　南　研作
発行人　宮城正勝
発行所　㈲ ボーダーインク
〒902－0076　沖縄島那覇市与儀226-3
電話068-835-2777　fax098-835-2840
http://www.borderink.com/
印刷所　でいご印刷